把自己重養一遍

梁爽 著

用力彌補小時候的自己，

才是一個女孩長大的意義。

自序

按自己喜歡的方式，把自己重養一遍

三十六歲本命年的生日當天，我在廣州工作的高中同學傳來祝福後對我說：「我們在外面生活的年數，已經等於在家鄉的年數了。」

我掐指一算，不禁感慨：時間都去哪裡了？

十八歲前，父母養我，出錢出力。

十九歲時，我考上大學，半養自己——父母出錢，自己出力。

二十三歲後，我步入職場，重養自己——自己出錢，自己出力。

三十三歲後，我邊養自己，邊養女兒。

半養自己的那些年，我養成了早起的習慣，常常一個人泡在圖書館裡看書，也會用獎學金和兼職賺來的錢去旅遊，還曾孤身一人到外地實習。這些經歷雖然讓我嘗到了人生自

主的甜頭，但人生自主的籌碼還不夠，畢竟經濟尚未完全獨立。

重養自己的那些年，我走南闖北，去過博物館做志工，也去過印度為公司開拓新市場。我喜歡寫作，一直堅持寫下來，幸運地出了幾本暢銷書。三十歲，我第一次到東南亞旅遊；與此同時，我的書也在東南亞出版。

在重養自己的過程中，除了完成心願，我還順手把自己的「出廠設定問題」和「歷史遺留問題」依次解決了。

我眼角有曬斑，我爸總說「沒事的」。但我在重養自己的過程中，透過科學護膚淡化了曬斑。

我身上有贅肉，我媽總說「胖一點挺好的」。但我在重養自己的過程中，透過運動變苗條了。

我圓肩又駝背，於是跟著退役模特兒練走路，跟著瑜伽教練學正位，糾正了自己的不良體態。

我的普通話發音不標準，分不清前、後鼻音，於是報名了正音課程，開始練習唇舌、矯正發音，最終順利錄製了上百期的讀書會音頻節目。

以前的我，遇狀況易著急，遇選擇易糾結，遇不公易憋屈，遇問題易鑽牛角尖。自從看了很多心理學方面的書後，

我開始適度借鑑、量身調整。經年累月，我的性格竟彷彿拋過光一樣，去除了多餘的敏感、自卑和過度自省，擁有了被討厭的勇氣和敢於面對脆弱的能力，可以心平氣和地表達不滿。

「雕像本來就在石頭裡，我只是把不需要的部分去掉。」米開朗基羅在鑿刻雕塑〈大衛〉後說的這句話，被人總結為「鑿出你心中的大衛」。

同理，我想要的樣子本來就在自己身上，我只是發現她，然後查漏補缺，重新養出我心中的自己。

如果三十六歲的我能給二十三歲的自己捎來一句話，那就是：多謝自己的「重養」之恩。

　　　🌸　　　🌸　　　🌸

在新聞寫作中，「5W1H」是基本要素，分別是 When（時間）、Where（地點）、Who（人物）、What（是什麼）、Why（為什麼）、How（怎麼做）。這個框架如此簡潔、清晰、實用，為了便於大家理解「重養自己」，我決定臨時徵用它，但框架基本要素的順序需要調整。

What——什麼是重養自己

重養自己，是由於物質匱乏、家庭侷限、榜樣單一、心智未開等多方面因素，一個人未能按自己的意願去選擇生活，等到自己經濟獨立，且見識到人生更多的可能性後，決定不再隨波逐流，不再得過且過，把過往的遺憾補上，把心中的陰影淡化，把將來需要的能力補足，輕裝上陣。

重養自己，不是要推翻父母的養育之恩——把你養大，父母已竭盡全力。

重養自己，不是讓自己掉進消費主義的陷阱——核心是養自己，而不是養資本。

重養自己，不是看不上現在的自己——目標是重新發現自己，不是對現在的自己充滿不屑和不滿。

Who——誰需要重養自己

幸運的人，從小被父母順著天性養，年少時已基本形成健全的人格。

不幸的人，從小被父母逆著天性養，進入社會以後難免跌跌撞撞。

一個殘酷的現實是：一些沒被原生家庭有效養育的女

孩，開竅較晚，覺醒較遲，如果未經審視，缺少重養自己這一步，就快速進入下一個人生階段，很大機率不會生活得太幸福。

演員楊冪在綜藝節目《花兒與少年》中說：「你的原生家庭，好還是不好，其實都有缺失。如果你的原生家庭本身就不好，你就缺少愛；如果你的原生家庭本身就很好，你就缺少歷練。你在原生家庭裡面沒有上過的課，你終歸還是要補上。」

根據正態分布規律，人群中極其幸運的和極其不幸的人，都屬於少數派。當然，不排除幸運的人對自己的幸運視若無睹，出現把同花順一樣的人生好牌拆散單出的狀況。而處在正態分布中間位置的絕大多數人，終歸要到社會上補課——把自己重養一遍。

Why——為什麼需要重養自己

未經重養的自己，會把人生的每個階段都過得累人累己。你把自己重養一遍，看清自己，重啟人生。小時候遙不可及的願望，是時候實現了；童年潰爛結痂的內傷，是時候癒合了。

心靈的碎片要重新拼起來，內心的缺口要打上補丁。

正如《了凡四訓》中所說：「從前種種，譬如昨日死；以後種種，譬如今日生。」以前的事就像昨天一樣過去了，從今往後，一切都是嶄新的開始。

一個人，在從被養到半養，再到重養自己的過程中，會看見真正的自己。

慢慢地，那個覺得別人心情不好都錯在自己的你，那個有著大人模樣而身體裡卻還住著一個驚慌失措的孩子的你，已經變得愈來愈遠、愈來愈小了。

隨著經濟的獨立、習慣的改變、閱歷的豐富、心智的成熟、性格的穩定，最終你必將養出一個大方得體、賞心悅目的自己。

Where——在哪裡重養自己

重養自己最好的地點，在書桌前，在辦公室，在圖書館，在博物館，在旅途中……

你只要想把自己重養一遍，在哪裡都可以開始。

When——什麼時候開始重養自己

人們常說，女孩十八歲一朵花，二十歲年輕貌美，

二十五歲膠原蛋白開始流失，好像只有十八歲到二十四歲的這段時間才是一個女人的花樣年華。但我不這麼認為。十八、九歲，高考結束，你能十年苦讀只因發揮不理想而沒有考上心儀的大學；可能要告別熟悉的環境走上未知的旅途……二十三、四歲，你大學畢業，從此與關係要好的室友分道揚鑣；為了工作四處奔波；工作試用期戰戰兢兢害怕被辭退……

對於大多數人來說，二十五歲，人生才剛剛開始。所以，類似「三十歲是新的十八歲」、「四十歲是嶄新的二十歲」等金句，才能引發大家的強烈共鳴。

在我看來，一個人若想重養自己，從什麼時候開始都不晚。我的一位同事，在兒子高考後開始重養自己，持續做熱愛的事，交有趣的朋友，我覺得她一天比一天光彩照人。我的媽媽，在做完癌症手術後開始重養自己，學會擺脫「玻璃心」，不當爛好人，我覺得她一年比一年鬆弛迷人。

How ── 怎樣重養自己

重養自己，要從多方面著手，我拿自己舉例來說吧。

我矯正牙齒，調整體態，減肥增肌，學穿搭，做保養，是為了把自己的形象養得漂亮；

我堅持運動，按時睡覺，認真吃飯，是為了把自己的身體養得健康；

我學習心理學知識，是為了把自己的內心養得強大，減少自己慣性的內耗狀態，擺脫習得性無助，學會駕馭情緒；

我堅持「讀萬卷書，行萬里路」，是為了把自己的精神世界養得豐盈，讓書成為自己廣闊人生的基石；

我掌握時間管理、狀態管理、溝通技巧等「軟實力」，建立能量自給系統，鍛造出稀缺又值錢的核心競爭力，是為了把自己的「身價」養高，擁有更多選擇的機會。

無論你怎樣重養自己，唯一不能改變的，就是一切按自己喜歡的方式去做。

※　　　※　　　※

每個人都想過更好的生活，但只有一部分人選擇先讓自己成為更好的人。重養自己，不同的人會選擇不同的方式，但大家所需要的資源卻大致相同：認知能力、金錢、時間、精力、技能、方法、幫手……我們要集結一切能集結的資源，團結一切能團結的力量，把自己養得宛若新生。

比起被動成長，唯有充滿覺知和不怕碰撞的主動成長，才是我們變好的關鍵所在。

按照自己喜歡的方式，把自己重養一遍，自己就是自己最好的再生父母。

目　次 🌹 c o n t e n t s

第一章

長大後，慷慨宴請
小時候的自己

❀　　　❀　　　❀

很多女人感慨自己處境艱難，既要上得了廳堂，
又要下得了廚房。我想說，你如果真把自己當女
兒養，就不需要做全能的人。因為你捨不得女兒
活得太累、綳得太緊，捨不得女兒在每個人生階
段都那麼辛苦……

走出原生家庭，主動重養自己

人們常說，沒有父母「托舉」的普通人，得撞南牆，得頭破血流，才能讓人生走上正軌；而菁英家庭的孩子，有父母幫著長見識、避彎路。這真是：你奮鬥了半生，剛到人家的起點；而人家的終點，你奮鬥終生都可能看不見。

這些年，我看到過一些人，他們的人生雖然拿到的是一手「爛牌」，卻仍能把牌打贏。手裡各種「小對子」，各種「三帶二」，人家就是能夠覓得好時機，找準打法。儘管每張牌都很小，但人家就是能氣定神閒地把牌打贏。

同時，我也見過拿到各種「炸彈」、「大王」、「小王」、「同花順」的人，在出完幾張讓人直呼「要不起」的大牌之後，把「同花順」拆開單出。

對於父母「托舉」的力量不太夠、原生家庭不夠好的普通人，想要打贏人生這手「爛牌」，就一定不要長他人志氣，滅自己威風——他強任他強，關我什麼事。

法律學者羅翔曾說：「原生家庭不好的人，慢半拍、慢

幾拍已經很優秀了。別責怪自己，因為在別人成長的時候，你還陷在原生家庭的內耗裡。在別人搞事業的時候，你還在搞自己。」

「工欲善其事，必先利其器」，這個「器」就是經過重養的自己——我們要讓現在的自己優於過去的自己。

每個人都需要在某個時間節點重養自己，不然我們就可能會看到愈來愈糟的自己。

❁　　　❁　　　❁

每當我的手機出現遲緩、卡頓等問題，我就會打開「手機管家」APP——綜合分數一目了然，然後點擊清理加速工具。

在我每次使用清理加速工具時，「手機管家」都會先把手機掃描一通，然後以視覺化的方式告訴我手機裡的圖片、影片、音訊、文檔、軟體安裝包等檔各占據多少記憶體空間，以及哪些內容需要謹慎清理，哪些軟體建議升級。對於掃描出來的垃圾檔、重複檔、軟體卸載殘留資料等，我會選中多項後一鍵清理。清理之後，手機性能大幅躍升。

其實，這不正是重養自己的底層邏輯嗎？

在自己身上，我們可以安裝一個「重養自己」的軟體，在適當的時刻，先掃描自己，對於呈現出來的問題或特質，該清理的清理，該升級的升級，然後轉到後臺繼續運行。

🌹　　🌹　　🌹

經常來我家玩的朋友，都會羨慕我和原生家庭的關係，這讓我覺得自己很幸運。我不止一次對我爸我媽說：「以前我覺得每家父母都差不多，後來才發現，你們真的好太多了。」

但透過多年寫的日記，我還是發現了自己的多項問題或特質。

我以自己口是心非的問題為例，給大家連貫地演示一下重養自己的底層邏輯。

工作中，同事要我幫忙，雖不樂意，但我還是會盡量幫；主管給我加工作，雖會嫌累，但我還是會照做。

生活中，我去做腳部按摩，水太燙，我不說；我去做背部按摩，力太大，我強忍。

婚姻中，我把希望對方做到的事藏在心裡，看他表現：他若做到了，就給他加分；他若做不到，就給他減分。

我以為自己有替人尷尬、迴避衝突、怕麻煩人、怕人多

想、討好他人的毛病。其實這些「毛病」都是自己心理世界的投射，根本原因是我的高敏感特質容易把別人的話聽到心裡去，進而影響自己的情緒。我把自己的感受投射到別人身上，以為別人聽到我的話會不爽、會多想。

氣被憋久了，不會憑空消失，只會讓我怨恨別人，怨恨自己。自己累，別人也累。

周星馳的電影《西遊·降魔篇》裡有句經典臺詞：「你為什麼不早說？」

我們大膽表達自己內心想說的話，就是在降自己的心魔。

去表達吧！表達自己時，尊重、友好是基本分，幽默、自嘲是附加分。

有段時間，一見星巴克開門，我就進去寫作。一次，音樂聲太大，擾我思緒，經過一番內心掙扎後，我跟工作人員說：「這裡只有我一個客人，你能不能幫我換首歌？」她溫柔回覆：「曲目固定，但我可以幫你調小音量。」

剛到北方時，我喜歡去「喜家德」吃餃子。以前它家沒有綠色蔬菜，幾次失望過後，我跟工作人員反映，希望菜單裡增加些綠色蔬菜。工作人員感謝了我的建議，並表示他會向上級反映。後來我看到他們家的菜單上增加了蔬菜鍋，感到十分驚喜。我自知人微言輕，但言輕總比無言好。

現在，我試著跟老公多表達心裡的想法，讓他減少猜測，這樣我們相處起來更輕鬆了。

大膽表達也有助於我的工作和寫作。我第一次出書時，總覺得自己是新人，別人比我有經驗，於是就把自己的想法爛在心裡。

等我出第二本書時，我已變身為提意見愛好者了。我和主編溝通很久，這個書名有點淡，那個設計有點平，發揮想像，暢所欲言，使對方也被我的熱情感染，後來才有了新書的暢銷。

他們有他們的專業判斷，我也有自己的想法和主張。假如我們都能真誠表達，並且積極討論，就會減少溝通的死角，碰撞出火花。

當你對自己全盤「掃描」後，你可能就會像個負責「開荒」的清潔工一樣，面對到處需要打掃的房間毫無頭緒。此時你要抓住關鍵問題，深入分析，穩步解決，然後就可以把「重養自己」的軟體暫時轉到後臺運行，集中精力去做想做的事和更重要的事。

我的一位前同事，他在離職後去了西藏旅遊，想透過這

種方式來重養自己，讓自己得到療癒。在西藏待了兩三個月後，他轉行去北京學起了畫畫。我們聊天時，他跟我提過，好多年輕人在西藏住了幾年後，最終變成了逃避現實的「傷痕青年」。

　　重養自己，我們不是去尋找還未體驗過的誘惑，而是去發現使自己過得不如意的癥結，打上「補丁」，奔赴前方。重養自己，我們要先擦掉原生家庭和自我原始版本的負面印記，有想法，有行動，就會愈來愈優秀。雖然我們現在看上去慢別人幾步，但是磨刀不誤砍柴工，我們將來勢必會少走一些彎路。重養自己，我們就會讓時間分叉，找到更好的自己，通向更好的將來。

你需要的不是被愛，而是好好愛自己

　　有段時間，「江浙滬獨生女」的話題突然登上了微博熱搜。圍繞這個話題，人們在網上分享著自己的所見所聞或發生在自己身上的故事。

　　江蘇的一個十歲女孩說，生日那天父母為她舉辦了一場夢幻無比的生日宴。女孩長得很美，在臺上對賓客們說著自己的夢想，侃侃而談。女孩的父母在臺下為她鼓掌，眼裡泛著閃閃淚光。

　　浙江的一個女孩說，她從小衣食無憂，長大後爸媽在杭州全款給她買了房，每個月生活費就刷爸爸的銀行卡。她大學四年除去吃喝玩樂的花費，最後還能存下幾萬元。

　　上海的一個女孩說，爸媽給她買了一份一次性繳清全部保費的保險。

　　……

　　在某知名網站上有一個問題：作為「江浙滬獨生女」是種怎樣的人生體驗？

一個熱門回答是：她們一生順遂，現在順遂，將來也順遂；做任何事時都知道自己有堅強的後盾，在外面遇到困難，只要回家就都能解決。

一時之間，「江浙滬獨生女」成了令人羨慕的身分。甚至有網友表示，下輩子要投胎做「江浙滬獨生女」。

❀　　　❀　　　❀

其實，無論出生在哪裡，無論是不是獨生女，所有被父母疼愛的女孩都是幸運的。她們從小被父母呵護著長大，哪怕家庭偶爾遭遇狀況，她們也不會受到影響，因為父母會想盡辦法給她們安全感和幸福感。

不過，見別人有錢花有人愛，我們羨慕歸羨慕，不甘歸不甘，只有從自身出發，為有錢花沒人愛，或者沒錢花有人愛，抑或沒錢花又沒人愛的自己做點什麼，才是當務之急。

父母用盡全力把我們養大。現在，我們要學會自己愛自己。

1‧賺錢給自己花

我在浙江待過四年，那邊的農村和城市與其他地方比起

來，總體來說相對富裕。另外，我發現浙江的父母普遍擅長做生意。

讀大學時，我們寢室有一個寧波女孩，她成長於一個單親家庭，只有母親相伴。有段時間，她對班上一個家庭條件一般的男生產生好感，兩人談起了戀愛。畢業後，她想和他一起去北歐留學。她媽媽得知後，就為他們出了擔保金和學雜費。

而我室友的媽媽雖然只有小學學歷，卻憑藉自己的智慧把女裝生意做得風生水起。

有個假期，我們幾個同學一起去她媽媽店裡玩，順便幫幫忙。那一次，我算是見識了她媽媽做生意的能力。一見到客人，她媽媽就知道哪件衣服最適合客人穿，以及說什麼話才會讓客人買下它。那些客人，有的本來只是想進店逛逛，可是基本沒有空手走出門的；有的本來只想買一件，卻在她媽媽的搭配和頭頭是道的推銷下買了兩三件。

浙江的父母會做生意，使孩子從小耳濡目染。我的大學室友大多是浙江女孩，大家晚上「臥談會」的內容多為致富經——台州女生講眼鏡暴利，東陽女生講義烏風雲，嘉興女生講父母在昆明螺螄灣的經商見聞。

羅輯思維聯合創始人脫不花與獵人頭交流後，用一句順口溜總結了職場贏家的共通點：要麼資訊差，要麼「交際

花」。「資訊差」是指能搶先半步發現機會，需要敏銳的洞察力和超強的資訊蒐集能力。「交際花」是指善於構建各種關係，不僅能與他人合作，還能促成他人與旁人的合作。

我們要努力成為職場贏家，賺錢給自己花。

2・說好話給自己聽

我讀大學時做過一段時間的家教，幫一個初中女孩補課。女孩的爸爸在外地做生意，媽媽每天在她放學後接她回家。晚上我幫女孩補課，她媽媽做飯，然後我們三個人一起吃晚飯。

女孩的媽媽曾經私下對我說，她女兒內向，雖學習刻苦，但成績一般，讓我多誇獎、多鼓勵她。不知是不是江南地區吳儂軟語口音的影響，我印象中這位媽媽說話極其溫柔。

如果你有一對能好好說話的父母，那麼我要恭喜你——你已經打敗了很多同齡人。

講話掃興、語帶諷刺、大呼小叫的父母真不少，有的父母甚至在公共場合當著外人的面都會這樣做，在家可能更過分。父母是愛子女的，但有些父母的愛都被粗暴的語言過濾掉了。

事已至此，我們不要怪父母。對於他們做錯的事，我們一直揪著不放沒有意義。你怪父母，你的父母再怪他們的父母……子子孫孫無窮匱也。

現在，請好好對待自己，你可以對自己說：

「我聽到你的聲音，我理解你的想法，我認可你的做法。」

「你現在做得就夠好了，沒有人能做到完美。」

「你有這種感覺是正常的，你的所有感覺都重要。」

「你的力量難以估量，你可以試著去做。我相信你有很大潛力。」

「你有資格說出願望，表達你自己的看法。你的想法很重要。」

「童年發生的事不是你的錯，請不要耿耿於懷，未來就在你手上。」

……

無條件地愛自己，就是送給自己的最大的禮物。

成年後，你養的第一個孩子是自己

最近，各大短影音平臺流行這樣一個話題：把自己當女兒養。

剛滑到這個話題的時候，我立刻就被它吸引了，但是打開短影片，卻發現大多是美容、購物等內容。我們好像只有捨得給自己「燒錢」，才算補償小時候的自己。

「把自己當女兒養」，看似熱血又勵志，但是我有點擔心：大家會不會對這個觀點理解得有些膚淺，最後變成為自己「燒錢」。

商家在網路平臺上打著「把自己當女兒養」的旗號刺激人們去消費，和曾經打著「你的錢並沒有消失，只是換成物質的形式陪伴著你」的旗號一樣，要是後面不放商品連結都說不過去。

可能商家只講了「把自己當女兒養」的 A 面，等待你的 B 面卻是花錢如流水之後的「帳單焦慮」。

有意思的是，我從沒聽說過曾經國文沒考好、英語水準

差、數學沒及格的人說自己長大後內心一直有陰影，然後想要「把自己當學生養」，補償小時候沒認真學習的自己。

適當滿足內心小孩的欲望無可厚非，甚至十分必要。但凡事過猶不及，我們如果「今朝有酒今朝醉，明日愁來明日愁」地過生活，沉淪在消費主義的陷阱裡難以自拔，那麼只會讓明日的愁來得更加迅速而猛烈。

❀　　　❀　　　❀

我關注的一位博主，童年過得不幸福，因為她的父母很難溝通。她的媽媽希望她懂事地做一個「扶弟魔」，幫助那不成器的弟弟，給他買車、買房、娶太太。她受不了那樣的生活，畢業後逃到大城市，沒想到上帝為她關上一扇門後馬上為她打開了一扇窗──她趕上了網際網路蓬勃發展的時代，透過寫作賺了很多錢。

之後，她開始經常購買奢侈品，參加沒有意義的聚會，出入各種飯局，沉迷於美容整形──以為這樣做就是在補償童年不幸福的自己。

漸漸地，以前她那些讓我感動的文字，現在變成了紙醉金迷的風格，讓我失去了閱讀的興趣。

過了很久，我偶然看到她在網路上發的一支短影片，知

道她已經進軍短影音領域。在那支短影片中,她系統地回顧了這些年起起伏伏的經歷,感慨現在賺錢多麼不容易,壓力多麼大,甚至需要看心理醫師以緩解焦慮。

這支短影片讓我感觸頗多。其中一點是,消費主義從來不會一次性解決人的所有煩惱。像皮拉提斯的私人教練課或者美容的一些項目,你花了錢,便會看到它給你帶來的一段時間的驚豔效果。你因此大感振奮,但當你漸漸習慣了這種效果的威力後,它對你的影響便開始慢慢變小。哪怕只是回到最初效果階段,你也會產生一種原本屬於自己的東西被人拿走了的心理落差。

目前,我把女兒養到三歲了。也是在自己有了女兒後,我才慢慢領悟到「把自己當女兒養」的真諦。

1‧健康

我很在意女兒的身體健康。她每天吃的東西營養是否均衡,成分配比是否科學,是我心中考慮的頭等大事。在她開始添加副食品後,我經常團購土雞蛋,購買有機食材,我對

自己從未如此呵護。當她想吃零食時，我想方設法轉移她的注意力，擔心她糖吃多了，影響新陳代謝，長出齲齒。

我很在意女兒的睡眠，所以睡前我要給她讀繪本、講故事、唱兒歌。她晚上常常不想睡，我就千方百計地安撫她，同時記錄她每天入睡的時間，看看她的睡眠總量達不達標。

我很在意女兒的視力，會翻閱很多關於兒童健康用眼的研究報告，瞭解兒童一天看電子螢幕的時間多久為宜，關注她看電視時有沒有同電視保持三米以上的距離，反思我有沒有做到多帶她投入大自然的懷抱。

看到她身體某處磕了碰了，青了紅了，我就心疼地幫她吹吹、揉揉；看到她快要跌倒、被撞，我就瞬間化身為身手矯健的守門員去撲救；在外面玩時，只要女兒跑得太快，離開了我的視線，我就擔心得汗毛都會豎起來。

我告訴女兒：身體髮膚，受之父母，你要小心地保護自己，不要受傷。

所以，把自己當女兒養，第一要義就是像在意女兒的健康一樣在意自己。可是有多少聲稱要把自己當女兒養的女孩，連這一點都沒做到，她們隨意糟蹋自己的身體，為了玩遊戲、看短影片而應付三餐，透支睡眠。

成都文殊院的牆上掛著一幅字：「首先你要健康，其次都是其次。」這句話精準地總結了我對女兒的期望。

2・快樂

　　無論我的女兒以前上托兒所，還是現在上幼兒園，我都很擔心她會被人欺負，受委屈，不開心。

　　我見不得女兒受委屈。每次看到她眼淚快速盈滿眼眶，嘴角向下撇時，我就心亂如麻，只想逗她開心。

　　一想到長大以後她可能為了照顧別人的情緒而隱藏自己的情緒，假裝成情緒穩定的成年人，我就會產生一股集中了火力正向我「開炮」的傷心。

　　我的擔心不是沒有原因的。包括我在內的多少女孩，活著活著，就弄丟了快樂和天真的能力。

　　我希望她能一直跟隨自己的內心去做人生的每一次決定，永遠保持快樂和天真。

❧　　❧　　❧

　　我曾和一些年輕媽媽們聊天，當聊到希望把孩子養成什麼樣子時，像我們這種學齡前兒童的媽媽，一般的想法就是「陽光自信，健康開心」。

　　而對於孩子已經上了學的媽媽，她們要求更低：「讓我少操點心，別讓我輔導作業就行。」對於孩子已經畢業的媽

媽，她們要求也不高：「能有份工作，然後有個對象就行。」

我就納悶了，她們對孩子的要求一般都是愈來愈低，很少聽見誰列舉出三條，比如希望女兒漂亮、優秀且自洽，希望兒子英俊、成功且孝順。這是為什麼呢？

我想到一個可能的原因，那就是人生處處充滿「不可能三角」。

有段時間，我熱愛搜集網友列舉的各種「不可能三角」：理性－誠實－祥和，是與長輩相處時的「不可能三角」；好吃－好看－不排隊，是在去熱門餐廳吃飯時的「不可能三角」；穩定感－獲得感－自由，是心態不穩之人的「不可能三角」；英俊／漂亮－事業有成－溫柔體貼，是尋找伴侶時的「不可能三角」⋯⋯

這些「不可能三角」，剛開始我當笑話、故事聽，後來被我當「降壓藥」、「救心丸」，用來把自己從壓力和急火攻心的情緒中解救出來。

面對女兒，當媽的真沒多麼高的要求。

很多女人感慨自己處境艱難，既要上得了廳堂，又要下得了廚房。我想說，你如果真把自己當女兒養，就不需要做全能的女人。因為你捨不得讓女兒活得太累、繃得太緊，捨不得讓女兒在每個人生階段都那麼辛苦，你只會希望她人生

的諸多「不可能三角」在動態中達成一種自得其樂的平衡。

　　把自己當女兒養，你可以對自己說：

　　「女兒，你不用那麼美，因為你在我眼中就是最美的一個。有點草莓鼻怎麼了，你就是我心尖的草莓。沒有蜜桃臀怎麼了，你就是我眼中的蜜桃。」

　　「你不用那麼懂事。讓你感到不舒服的人，你不要迎合。畢竟不是所有人都看得見你的好。」

　　「你也不用那麼拚命，『父母之愛子，則為之計深遠』，人生很長，省著用自己。」

　　「你形象不夠好看，人也不算有趣，在人海中更是平平無奇。但即便如此，你也是我最愛的孩子，和天上耀眼的星辰沒什麼兩樣。」

你先是你自己，然後才是任何人

六月末我迎來了女兒的三歲生日。從她托兒所畢業，到上新幼兒園，再到各種畢業活動、新園體驗、入園體檢、情緒安撫，在整個流程結束後，我快忙暈了，也累壞了。過了好幾天，我的注意力和感受力才稍微回到自身。

女兒的三歲生日也是我生育孩子三週年的紀念日。這幾天，我一直在回想三年來的點滴，感觸很多。

一直以來，人們都很重視嬰幼兒的成長。古人云，三歲看大，七歲看老；蒙特梭利說，一個人在三歲前學到的知識，是一生學到知識的一半；心理學家說，一個人在三歲以前造成的心理陰影，要花一生來治癒。對於三歲以下孩子的媽媽，人們貌似只有一句：一孕傻三年。

真的，這三年我感受到的忽視比關愛多，要求比支持多。

在我心情低落、想法極端時，「腹黑」的天蠍座特質讓我想唱：「由來只有嬰兒笑，有誰聽到媽媽哭，當媽兩個字，

好辛苦。」

出於育兒需要，我涉獵了不少母嬰類書。我的發現是，母嬰類的書籍，重點在「嬰」，不在「母」。我雖然學會了不少育兒理論和方法，卻不知道應該怎麼安撫自己那顆備受冷落的心。

兒童心理學中有個詞叫「足夠好的媽媽」。我研究了一下，發現背後全是在要求媽媽應該怎麼做。我希望不只我們自己能對自己足夠好，家人、職場、社會也能對我們足夠好。

在女兒吹蠟燭時，我好想做個美美的白日夢，許下三個願望：

1 · 更名吧，產假

在孩子三歲以前，媽媽們的生活自然與假期矛盾，而且不可調和。

漏尿、漲奶、產後憂鬱、婆媳矛盾、「散裝式」睡眠、「應付式」飲食，都是產婦們面臨的不定項選擇。因生孩子放的假叫產假，不合適吧？

還有育嬰假。一個人帶三歲以下的孩子，是腦力和體力的雙重考驗，因為三歲以下的孩子是「發電機」。據說，讓一位奧運冠軍陪一個二歲的孩子兩個小時，都把冠軍累倒

了。所以，把照顧嬰幼兒的假叫育嬰假，不恰當吧？

這兩個假我都休過。請假前，我怕給同事添麻煩；請假後，我比上班辛苦若干倍，完全沒有度假感。稱其為「假」，會有引發羨慕的誤導作用：老公會不會以為老婆在休假？公司會不會覺得女員工在休息？男性會不會以為女性得到了優待？

據我所知，日本就對此發明了新詞彙。二〇二二年，東京都知事小池百合子宣布將「產假」改名為「育業」。「產假」的日語原表述是「育休」，但「育休」一詞給人感覺「不是為了照顧新生嬰兒，而是以照顧新生嬰兒的名義獲得額外的休息」。「育休」的側重點在「休息」，而非「育兒」。小池百合子表示：「我們決定使用『育業』，希望透過這樣的詞彙改變人們的思維方式。」「育業」包含兩層意思：一是育兒是一項重要的事業；二是育兒與普通工作一樣，也需要周邊人和職場的配合，需要有團隊精神。

假如我們也將「產假」改個名字，剔除自欺欺人的成分，面對現實，或許更容易讓女性獲得想要的支持。

2・覺醒吧，社區

這三年，我結合自己的感受，再看看網路上媽媽們的吐

槽，聽聽身邊朋友們的聊天，得出一個結論：人類的悲喜可能並不相通，但媽媽們的悲和喜重疊度卻挺高——職場壓力、經濟壓力、身材焦慮、健康焦慮、夫妻矛盾、婆媳矛盾……

社區如果有便宜又值得信賴的幼教機構，且不是下午三、四點就關門，那該有多好。社區如果能開設丈夫如何做好新手爸爸、公婆與兒媳的相處之道等系列講座，那該有多好。

社區可以多教教新手爸爸們承擔家務和育兒責任的同時，不忘為產婦提供情緒價值，多教教婆婆們不要自作主張溺愛孩子，多教教三代同堂者彼此相處應有的尊重和邊界。

社區可以為準媽媽們組織通風會，透過過來人的分享，讓已育者釋放壓力、未育者少走彎路。社區還可以為新手媽媽們組織交流會，每半月或一個月一次，讓她們說說帶孩子難事，互相學習經驗，傳遞力量。

社會如果創造出「就算女性一個人也能輕鬆撫育嬰幼兒」的環境，我猜想女性的生育意願就會大幅提升。

3・快樂吧，媽媽

我三十三歲懷孕，自認為做好了我能做的一切準備。

經濟方面，我在本職工作之外，發展好寫作副業；幫手方面，我有有潔癖的老公、退休的爸媽、住得近的公婆；身體方面，我一直堅持適合自身情況的運動，產檢指標一路「綠燈」；心理方面，我讀了幾十本心理學方面的書，瞭解了原生家庭對孩子的影響……

　　我即便做了如此精心的準備，我的育兒路也依然充滿坎坷。如果能穿越回去，我會告訴那個自以為準備好一切的三十三歲的自己說：允許一切發生。

　　在任何情況下，請學會快樂。我們有條件要快樂，假如沒有條件，創造條件也要快樂。

　　別苛責自己。很多人說我亂花錢，且花的都是「智商稅」，但我知道我只是在買一雙無形的手照顧自己而已。

　　請讓我當一個快樂的媽媽。你們就算不配合，也別讓人心煩。謝謝。

成為你想成為的人，
哪有沒時間這回事

　　養自己和養女兒一樣，都需要時間、金錢、精力等條件。對這篇文章我想聚焦在時間管理上。

　　我對時間管理的方法有著強烈的需求，曾發誓，市面上時間管理類的書每出一本我就看一本。我有個筆記本，用它專門記錄節約時間的理論和方法，逮到相似場景就積極試用相關方法，爭取磨合出最適合自己的改良版本。

時間 × 交通

　　地鐵是非高峰時段出遊的最優選擇。在地鐵上，五感全為可用狀態，我們可以看書、寫作，易進入「心流狀態」。我閒時摸清省時方案，本站地鐵倒數第三節車廂對應上行電梯口。當我趕時間時，在地鐵快到站前，我就走到相應車廂的門口位置，判斷門左開還是右開，做第一個出車廂、第一

個上電梯的人。

搭乘網約車或計程車時，耳、手、嘴可用，我們可以休息或打電話。為避免暈車，我們應盡量少看手機。我如果要聽東西，就會禮貌地請司機調小音樂聲。

自駕出遊時，僅耳可用，很耗精力。僅在交通不便且目標地點停車方便，或要接送人、帶很多東西時選擇它。

對於公車，除了完美匹配路線且車站距離目的地步行三分鐘內，否則我們決不要考慮。等車前我們可查閱公車APP，掌握要乘坐的公車的到站時間。

再怎麼想節約時間，過馬路時我們都不要戴耳機或打電話，牢記：遵守交通規則就是愛護生命。

在交通方式上，我們梳理清楚了選擇邏輯，在面臨選擇時，我們就會少浪費些時間和精力。

時間 × 產出

我喜歡寫作，六年出版了四本書，但我覺得已經把能用的時間都用上了，即便這樣，還是會被讀者催促趕快寫下一本。

自媒體人呂白說，對於實用類文本的寫作，他和團隊採用互動式寫作，一年能出三、四本高品質的書。他會讓助理

先把相關話題準備好，然後向他提問。他們透過問答形式交流兩個小時後，把錄音轉換成文字，再打磨文稿。之後他們用兩週時間豐富故事和補充案例，再精修文字和精煉語言，最後就完成了一本品質有保證的書稿。

他的方法給了我一些啟示，比如有些乾貨型文章，寫之前可以透過錄音的方式先口述下來。當然我還是習慣在電腦文檔上逐字敲出，但口述會讓我的寫作邏輯更順暢，減少寫作的卡關現象。所以我一旦想到靈感或素材，就趕緊口述錄下來。

寫作時，我秉持一個信念：一個人在任何時候都可以進入「心流狀態」，不一定非要在沒人打擾的地方。外界雜訊其實是放大的內心雜音。

在坐車時我常訓練自己，閉眼做三次深呼吸後，開始思考嚴肅的問題，沒想到也可以專注到產生心流體驗。

時間 × 工作

工作中，一個任務被一次搞定最省事。我曾經在上報一個會議記錄資料時，把同事名字中的一個字打錯了，發現該問題後感覺愧對同事，趕緊想辦法道歉。我又聯繫各環節工作人員，重新編輯修改。彌補錯誤的時間，是做正事的數倍。

但是，我們也別逼自己太緊了。我以前拍影片時，有一天計畫拍兩支，第一支我來來回回拍了十幾次都過不了自己這關，心情異常煩躁。拍第二支影片時由於時間緊張，我豁出去後反而第一次就過了，最後收穫的效果也讓我驚喜。

　　我們可以讓「一次性通過」的要求，成為任務交付前提醒自己認真檢查的理由，而不要把自己逼得喘不過氣來，導致動作變形。

　　你如果在工作中像我一樣，常被指定為會議內容記錄人員，就有必要學會記錄會議筆記的竅門。一位作者寫的書裡提到，他一邊和客戶溝通，一邊用線上文檔記錄，會議一結束立馬匯出文檔發給客戶，連客戶都好奇他怎麼能把會議紀要做得又快又好。那他是怎麼辦到的呢？他說，先要知道會議和誰開。如果是和客戶開會，那他會提前思考客戶最在意的問題。在會議進行過程中，他會記錄此次會議的關鍵字和要點。在聽會兩分鐘後，根據雙方溝通的內容，他就可以列出框架、問題、方向、建議、方案，然後邊聽邊往框架裡填充內容，遇到與主題相關的內容就列出關鍵字，不相關的內容便無須擴充。這樣在會議結束後，他就能直接完成一份簡明準確的會議紀要。

還有一件重要的事，就是根據習慣選擇讓工作變得高效率的場所。有一位廣告總監，每次想要完成一份企劃書時，他都會離開自己家去咖啡廳。因為他有嚴重的潔癖，看到家裡不乾淨就想打掃，只有在咖啡廳才能專心做事。

寫作此書的過程中，我也經常去星巴克。因為我在家不是照照鏡子，就是剪剪指甲；不是貼貼眼膜，就是滑滑手機。我好像做了很多事情，就是沒寫幾個字。當我背著電腦到星巴克後，我把聊天聲、音樂聲自動處理成白色雜訊，專心寫作，一下變得很高效率。

時間 × 生活

衣：

我在衣服搭配上無天賦、無熱情、無耐心，買衣服時為了方便搭配就買套裝，就算不買套裝，也要拍下店家的搭配，根據不同場景照抄公式就好。我認為上衣是主，褲子是次，根據上衣顏色買同色系的內搭，再買商家搭配的款式或顏色相似的褲子。

食：

點外賣時，我經常會打開外賣 APP，瀏覽看半個小時也下不了單。在打開外賣 APP 之前，如果腦海裡沒有當天特

別想吃的東西，我就直接在歷史訂單裡找平時最常點的餐，點「再來一單」。

住：

我把新家換了指紋鎖，體會到了不用找鑰匙，伸出一個指頭就能開門的方便；裝上了洗碗機，我把洗碗的時間省出來了，自己去找樂子。

物：

我們買東西要貨比三家，且只比三家。很多時候，我們東家看看，西家瞧瞧，頭昏眼花，過度消費。我們要理性購物，因為買了不需要的物品是三重浪費：浪費金錢，浪費挑選時間，浪費放置空間。

時間 × 設備

君子「動口」不「動手」。智慧手機的很多功能我們要積極使用。比如，我要敷眼膜，在貼好眼膜後，直接張嘴：「小 × 小 ×，十五分鐘後提醒我。」我要打電話時，提前張嘴：「小 × 小 ×，打電話給 ×××。」

看影片時，我們先想好要看什麼，然後主動輸入相關關鍵字。因為我們一旦被動跟著相關平臺演算法推薦的影片看起來，不花上幾個小時很難脫身。

我們要像下棋高手一樣安排任務。很多時候人對即時刺激會被動回應，不會積極設定處理任務的優先順序。做人做事如同下棋，我們下著這一步，得想著下一步。我希望自己主動過每一天，而不是像小倉鼠一樣在倉鼠籠中狂奔，但位移有限。

我們愈忙碌愈要用高效率工具。忙碌不等於高生產力，忙碌可能只是一種低效甚至無效率的模式迴圈——人受到刺激做出回應，再受到刺激再做出回應。我們不要瞎忙，要高生產力。

人啊，為達目的一定要「擇」手段。

時間 × 溝通

我們在同他人加上微信後，要養成當場修改備註的好習慣。如果是業務上認識的人，我們就要注明 ×× 公司 ×× 部門，甚至加個括弧注明認識契機，不然以後要找此人很麻煩。

知名經紀人楊天真說，她和別人約在餐廳見面，若自己先到，就會把桌號告訴對方；若地方比較難找，她甚至還會錄一段影片發給對方。

我的瑜伽卡快到期時，店裡的銷售人員告訴我續約有優

惠。其實我之後想學拉丁舞，便不想再續約了。但我一直有替人尷尬的臭毛病，於是用了各種方法婉拒續約一事，但銷售人員卻愈挫愈勇。你如果和我一樣，難以當面開口拒絕別人，不如轉換成線上拒絕，用微信講清楚，不要浪費時間去處理無謂的問題。

我學時間管理多年，心得是：沒事時，好好規劃時間；有事時，好好利用時間。

沉浸式做自己，不要東張西望

　　上一次休假時，我和老公帶著孩子回了雲南老家。出發前，我計畫在昆明以玩會友，若玩得興致到了，澄江、元陽、西雙版納、香格里拉⋯⋯想去哪裡就去哪裡。結果我們剛在昆明住了兩晚，就被爸媽緊急召回，說我奶奶想見曾孫女。

　　我奶奶年近九十，執意要住村裡祖宅，因為那裡抬頭就能看到的山上埋著我過世的爺爺。每年，我爸和二叔輪流去村裡照顧她。

　　我們回到村子裡，一住就是一個星期。剛開始我們住不慣，因為室外太陽太大，室內沒有空調，洗澡和做飯的衛生條件都比不上城裡，晚上睡覺還得和蚊子「搏鬥」。

　　我們沒看電視，也很少看手機，還帶著女兒去看了大鵝的長脖子。院子裡的芒果樹長得鬱鬱蔥蔥，女兒時不時去撿樹下掉落的小芒果玩。我想，也許這就是「沉浸式生活」吧。

每天太陽落山後，我和老公會在路上騎自行車。他說天空飛過的是蝙蝠，我說不是。我們騎行大約三公里，然後停下來喝杯奶白酒，再繼續往回騎。回程已沒天光，我們打開手機的手電筒，極其專注地騎回去。

每晚在女兒入睡後，我倆會到天井裡看滿是繁星的夜空。剛開始我們還在賣弄知識，這是北斗七星，那是北極星，後來陷入悠然的靜謐，看著絕美的夜空，想了很多，彷彿又什麼都沒想。

儘管被親戚朋友不停地催促回城相聚，但我們拖延了一天又一天。我看著夜空、山峰、植物，時而發呆，時而微笑，時而流淚。

那一週我用心生活，也沒計畫每天的事，只是活在當下，以至於手帳本、手機相簿、社交媒體都還是原來的樣子，沒留下一點紀念之物。

儘管那時沒留下什麼紀念之物，但如今我回憶起來，白天的雲、夜晚的星、樹上的葉在我印象中的畫面卻是那樣清晰。

休假結束後回到大連，我忘不掉的不是同學的起伏人生，也不是親戚的離奇遭遇，而是那使我心境曠達的「沉浸式生活」，後勁十足。

我聯想到美國小說家茱莉亞·卡麥隆講述過的關於她外祖母的故事。她的外祖母生前喜歡寫信給她，信的開頭通常是：「迎春花開，今早我第一次看到知更鳥……這麼熱的天，那些玫瑰還開得很旺盛……我養的那些螃蟹蘭快開花了……」對於她來說，外祖母的生活總是歷歷在目，像一部家庭錄影。「老伴咳嗽得更厲害了……新養的狗喜歡趴在我的螃蟹蘭花壇上睡覺……你能想像得出來嗎？」

茱莉亞當然想像得出來。外祖母的信，為大自然的每一輪四季，以及外祖母生命的悄然變幻做了豐富多彩的注腳。而她的外祖父是個賭徒，曾幾度傾家蕩產。即便是這樣，她的外祖母也能活得很自在，其中的答案和智慧或許就隱藏在信裡──用心留意生活的美好，專注於當下。

生命的品質與製造喜悅的能力成正比，而這個能力正是透過「沉浸式生活」來獲得的。開始時，它也許只能治癒具體情況引發的具體痛苦；最終能治癒的，肯定是深埋於心底的痛苦。

❀　　❀　　❀

一次我去體檢，做心臟彩超時被醫師檢查良久，他建議我去三甲醫院再查一下。結果是「中度二尖瓣逆流」，有醫

師建議我做手術。

那幾天我一想到女兒和父母，心就隱隱作痛：女兒還小，沒媽怎麼辦？父母未老，失獨怎麼辦？但我還得忙著搬家，忙著談新書的出版合作。

搬家的那天晚上，我吃完晚飯，收拾完東西後，坐在社區木椅上等搬家公司的人。那時已是晚上八、九點鐘，竟然還有學生在彈琴，我坐在那裡一曲一曲地聽著。其間還有鄰居在樓下遛狗，我看著月光下小泰迪熊一抖一抖的毛茸茸的小耳朵，眼淚瞬間就流了下來。我的苦悶好像被夜風吹走，被琴聲撫慰，被小狗療癒了。

人在痛苦的時候，思考未來是可怕的，回想過去是痛苦的。當我用心去留意當下的事物，去看，去聽，去聞，去感受，我發現每個瞬間都不失美好，它們是更高力量帶給我的能量和啟示。

現在我想起我的心臟問題，除了最後有位醫師說的「不必手術」，還有凝結在記憶裡的琴聲和小狗，月光和清風，多慶幸自己失意時仍能留意到身邊的一切美好。

詩人喬治·梅瑞狄斯說過，對一個人最壞的評價莫過於「並沒有留意」。這次的體檢結果提醒我，我的生命或長或短。說句難聽的話，我如果在人間時間有限，最後躺著不能動時，想到的都是自己忙著賺錢養家，忙著東奔西跑，對於

生活真正的質感，如果我「並沒有留意」，我就會帶著遺憾
離開人間。

🌹　　　🌹　　　🌹

　　這些年，我發現「沉浸式」的概念非常流行。有「沉浸
式餐廳」、「沉浸式展館」、「沉浸式遊戲」，更有「沉浸式
護膚」、「沉浸式吃飯」，萬物皆可「沉浸式」。我在電商平
臺輸入「沉浸式」，就會出現一堆商品連結，讓人應接不暇。
敏銳的商家肯定已經發現，非「沉浸式」的生活，是很多現
代人的痛點。

　　關於什麼是「沉浸式生活」，大家見仁見智。如按自己
的節奏生活，不在乎別人的看法，用心過好每一天，珍惜每
分每秒……它們雖正確，卻大而無當。

　　我理解的「沉浸式生活」，最大的要點在於留心感受「附
近」。人類學家項飆說過的一句話提醒了我，他說：「現代
社會有一個趨勢，就是『附近』的消失。」面對今天的生活，
我們要麼為未來焦慮，要麼為別人操心，要麼跟自己過不
去，所以才會感到焦慮和患得患失。而我們翻開任意一本講
述深度休息和高效率工作的書，看見的概念都是這幾個「常
駐選手」：心流、正念、冥想、運動。

其實，我們只要留心觀察周遭，感受周遭，就會發現，一縷清風、一股花香、一眼風景都是了不起的療癒神器。

當我連續多日工作就靠電腦，吃喝就靠點外賣，購物就選線上電商，有空就滑手機——這種「懸浮式」生活會讓我失去表達的欲望和靈感。而當我揮別「懸浮式」生活，擁抱「沉浸式生活」，開始好好吃飯，好好睡覺，專心做事，體悟周遭發生的一切，做事時盡了力，休閒時盡了興，我發現：一切都以肉眼可見的程度好了起來。

當我寫文章沒思路時，我習慣到樓下走走。路人聊天的隻言片語，行人的穿搭動作，鳥蟲的姿態，陽光的溫度，天空的色調，城市的秩序……它們很容易把我從自怨自艾的小情緒中拉出來。留意真實的「附近」，對驅散我的「腦霧」和「心霧」特別有效。

現在很多沉浸式產品讓人專注於虛擬情境，感到愉悅和滿足，從而忘記真實生活。殊不知真正的沉浸式生活充滿了強大的洞見、療癒的潛力，很多人並未發現。

我讀完赫曼·赫塞的小說《流浪者之歌》後，頗為震驚，

原來悉達多才是重養自己的巔峰案例。悉達多出生在一個幸福的家庭，從小感受到父母、朋友之愛。雖有智者把智慧傳給他，教他思辨和觀想，但他內心不安寧，精神未滿足，不顧父母反對，出家修行，成為一名和尚。他每天試圖透過打坐、禪修、苦修讓自己進入空境；試圖透過齋戒、禁欲讓癮念在自己的心中止息。但他的靈魂依然未得平靜，哪怕聽了世尊喬達摩的點化，他依然沒有覺醒。他回到繁華的世俗生活中學習，因為擅長等待、思考，將生意愈做愈成功，此刻，悉達多被塵世的欲望困住，變得遲鈍又疲憊，再次迷失了自我。

真正讓悉達多開悟的是船夫。船夫在日復一日的擺渡中，「向這條河學到一切」。「對河流來說只有當下，沒有過往的陰影，也沒有未來的面紗」，船夫的話終於讓悉達多跟自己和解，他學會了傾聽一切、關注當下，人生到達圓滿。

知識可以被傳授，方法可以被習得，但智慧需要自己去領悟。而生活是最好的參透人生智慧的媒介，厲害的人都在「沉浸式」生活。

從按部就班到「我不一樣」

我曾看到這樣一種說法：人類只有那麼兩三種人生版本。

人生版本才只有兩三種？我不相信，試圖採用窮舉法來反駁它。

一種是冒險主義者的人生版本。對待人生，他們不按常理出牌，凡事不走尋常路，標新立異，特立獨行，總是高歌猛進，勇往直前。無論最終的結果令他們聲名遠播，還是臭名遠揚，他們都是「流量 C 位」、人群焦點，永遠都能吸人眼球，時刻表現出一副大人物的姿態。

一種是按部就班者的人生版本。對待人生，他們循規蹈矩，墨守成規，亦步亦趨，隨波逐流，不想出風頭，不做出格的事，缺乏冒險精神和創新精神，看起來總是一副小人物的姿態。

想來想去，我只想到了這兩種人生版本，而我則屬於按部就班陣營裡的人。

有人覺得按部就班的人生不好，一眼望到頭，一切都是一成不變的，沒波瀾，沒盼頭，是翻不了身的鹹魚。歌手毛不易說過一句話，大意是，我們要允許一些人有安靜的青春。我覺得很有道理。因此，我認為也要允許一些人過按部就班的生活。

我從小到大見證過不少突如其來的變故：小時候，我見過好朋友的家長突然面臨失業時的手足無措；再長大一些，見過親戚出租商鋪，為捲款逃跑的租客處理留下的爛攤子；大學畢業後在深圳實習時，見過一起實習的夥伴被老闆叫進辦公室，卻被告知明天不用來了。

現在，由於科技發展很快，人們擔心深耕多年的行業突然消失，擔心被人工智慧搶走飯碗，擔心不知何時何地竄出的「黑天鵝」。

所以我覺得一個人若可以按部就班地工作和生活，過上一眼望到頭的日子，也是一種非常不錯，甚至是「輕奢」的夢想，它能夠為自己帶來足夠的安全感和穩定感。

大起大落的人生非我所欲也，我喜歡「平平淡淡才是真，有事沒事偷著樂」的生活。

對於按部就班者來說，這是最壞的時代，也是最好的時代。

　　之所以說現在是最壞的時代，是因為工作愈來愈不穩定，鐵飯碗愈來愈少，一眼望得到頭的穩定生活，變得愈來愈風雨飄搖，遙不可及。

　　用復旦大學人文學者梁永安的話來解釋就是，在歷史上，人類分別有著遊牧民族、海洋民族、農業民族三種屬性，而今天的年輕人不屬於任何一種單一屬性，他們往往「自我分裂」：「他們的生存方式、勞動方式是農業民族定居式的，要風調雨順，具有因果邏輯的直接性，延續的是農業民族種瓜得瓜、種豆得豆的傳統思維；但現在勢態下的我們又有很多遊牧民族的特點，需要我們『逐水草而居』，像找工作，大有這個特點；全球化階段，我們又有海洋民族的特點，必須去探索、開拓，去乘風破浪。」

　　我們按部就班者是典型的農業民族的後人，懂得做週期性的事，堅持長期主義。但壞處是，我們如果不走出舒適圈，不主動學海洋民族和遊牧民族的優點，就很可能會被時代不打招呼地淘汰出局。

為什麼又說這是最好的時代？因為時代和科技能夠補足按部就班者內心的欠缺——我們雖然生活安穩，但內心有時也會感到乏味。

　　對於按部就班者來說，我們的生活變化不大——不變的多點一線、不變的工作內容、不變的主管和同事，所以一點微小的改變，都會成為我們飯桌上的話題，茶水間的談資。我們的人生，最缺的就是「變」。這個時代，恰好為按部就班者提供了「變」的條件和機會。

　　而對於冒險主義者來說，他們最缺的是不變的生活帶來的穩定感。因此，他們會在多變的生活場景中試圖找到一些不變的東西，用不變的錨點穩住自己。

　　前段時間，我總結了最近兩三年看過的書，其中很喜歡的有《一個人的朝聖》、《三體》、《明朝那些事》……這些書要麼是講述按部就班者的故事，要麼是按部就班者寫出來的故事。

　　讓我感慨的是，這些人表面上按部就班，其實很不一般。

　　美國心理學家亞伯拉罕·馬斯洛提出了著名的「需求層

次理論」，他把人類的需求分為五個層次，從低到高分別為生理需求、安全需求、社交需求、尊重需求和自我實現需求。

對於按部就班者來說，前幾個需求他們都已經滿足了，接下來追求的應是自我實現。

你如果和我一樣也是按部就班者，就不必妄自菲薄。在瑞士伯恩專利局上班的科學家愛因斯坦是我們中的一員，在勞工事故保險局上班的荒誕小說家卡夫卡是我們中的一員，在海鹽縣文化館上班，寫出《活著》的先鋒作家余華是我們中的一員，在山西娘子關發電廠上班，寫出《三體》的科幻作家劉慈欣也是我們中的一員。

我們按部就班者，並不都像別人說的小人物那樣，只知道求穩妥、求庇護，只關心加薪、還房貸，是工具人。

上班的時候，我們把事情一件一件做完；下班的時候，我們也可以發展具有個人特色的愛好和才藝。

我的一個朋友長期混跡於市民健身中心，她告訴我裡面有很多教練都是業餘出身。白天他們可能是行政人員，可能是司機，但只是因為對健身很感興趣，他們在健身方面有了一定的成績以後，就從愛好者變成了教練。

同樣面對孫悟空畫的一個圈,「高段位」的唐僧可以在圈裡打坐禪修,自得其樂;而「低段位」的人則只會感到百無聊賴,坐立不安,找不到意義,看不到希望,不停地羨慕圈外之人。

　　你如果從骨子裡就是個按部就班的人,不妨看看以下三個小建議,讓自己從「低段位」提升到「高段位」。

1.不要賦予按部就班的工作過多意義

　　有一次我聽到一個在一家公司工作了十年被裁員的人感慨:「工作僅僅是一份賺錢謀生的手段而已,生活才是目的。我們不要試圖在謀生的地方,賦予太多人生的意義。」我覺得她說得很有道理。

2.不要小看按部就班的意義

　　在網路上看到過一段「療癒」的話:「當你想要做成一件事的時候,你最應該做的其實是保持安靜和用心,渴求別那麼強烈,規劃好每天要做的事情,然後按部就班地去完成。慢慢地,一段時間過去後,一切便會水到渠成。」

3・有時需要做出一些改變

在生活層面上，我們要讓自己多一些隨機性，試試不帶目的地走走，不做規劃地旅行，中途提前一站下車，換條路看看不一樣的風景。工作上我們已經足夠按部就班，就讓自己多為生活創造些亮點。

生活裡冒出來的厭倦點、無聊點、焦慮點，都值得好好珍視，它們是未來的你向現在的你求救的訊號。

你如果也是一個按部就班的人，不必假裝成冒險主義者去違心地生活。你可以在按部就班者的人群裡找到榜樣，找到力量，找到方法。你可以把「喪氣」轉化為「靜氣」，把無聊轉化為資源，好好雕琢自己的生活、自己的愛好、自己的作品，或者乾脆雕琢自己。

過著按部就班生活的你，也許有一天會誇自己一句：我不一樣。

第 二 章

靈魂有趣 + 身體健康 = 一個女生的「王牌」

美是多元的，青春有朝氣美，中年有智識美。單一的美是易逝的，與其追求逆天改命，不如拓寬美的邊界——健康是美，勞動是美，創造是美，優雅是美，從容是美，逍遙更是美……

審美的糾偏，是成長的必修課

　　在審美方面，我們這一代女性的態度大多會從過度緊繃走向過度膨脹。

　　我們從小就聽父母說，簡簡單單就是美，樸素乾淨才好看，學生要有學生樣，內在美比外在美重要……

　　小時候，我只有趁父母不在家時，才能短暫放飛愛美之心。我會偷用媽媽的化妝品，披著床單扮白娘子。當父母快回家或我即將出門時，我會馬上將愛美之心封存起來，然後換回寬大的運動套裝。

　　我們的愛美之心從小就受到貶抑。於是在上大學沒人管後，我們便開始報復性反彈──護膚、化妝、打扮、減肥……彷彿以前壓抑過久，我們現在要連本帶利地討回。

　　工作後，隨著可支配收入增加，我們更想把身上的部位逐個優化，於是逐一下單買回各種瓶瓶罐罐，逐一嘗試各種美容儀器，逐一體驗各種美容項目。

　　從一個極嚴的環境到一個極鬆的環境，我們很容易行差

踏錯。花點冤枉錢、走點冤枉路還是小事，關鍵問題是我們在這個過程中會痛苦、焦慮、自貶，甚至會阻礙成長，以及迷失自我。

我認為，一個人要想正確地變美，先要有正確的審美觀。所以，把自己的「審美觀」重新糾偏是我們成長的必修課。

1・原生家庭的審美偏差

一位央視主持人說，她小時候喜歡照鏡子打扮自己，但她的父親總會批評她：「你有照鏡子臭美的時間，還不如多讀讀書。」「馬鈴薯再怎麼打扮還是土豆，你照（鏡子）還能（把自己）照得更好看嗎？」這些傷人的話，讓她從小記到大。

一位朋友在讀中學時甚至被媽媽問道：「你打扮得那麼好看，要去勾引誰？」提起這件事，她到現在還是難以釋懷：「為什麼在我媽眼中，打扮就等於學壞？」

我試著從媽媽的視角理解父母的真實用意。我女兒現在三歲，走在社區裡會被人問是小男孩還是小女孩——她和小時候沒留過長髮、沒穿過裙子、衣服顏色非黑即灰的我一樣，總會被人問是男生還是女生。

女兒的中性打扮不是對我的自動延續，而是我權衡後的

選擇。一是出於打扮的必要，我的女兒我覺得怎麼看都好看，不需要格外打扮；二是出於安全的考量，小到怕被蚊蟲叮咬、走路跑步摔跤，大到怕被壞人盯上，被人口販子拐走。

有了女兒後，我終於理解了父母對孩子的兜底心態。其實，很少見到父母希望孩子將來變成億萬富豪、頂級美女，也不曾想讓孩子改變世界、造福人類。更多的父母只是希望孩子長大後能有份穩定的工作，和門當戶對的人組建家庭，平安順遂地過一生。父母對孩子未來的希冀沒有上限，但一想到下限可能缺少保障，就會寢食難安。

父母會選擇提前讓孩子知道，沒有智慧護航，光有美貌很危險。父母告訴孩子做人不要太出頭，不必太顯眼，因為他們不想讓孩子做「出頭鳥」，不想讓孩子被壞人看到。

但是，父母作為監護人，把我們養到成年，管好我們學生時期的穿著打扮就功德圓滿了。在我們步入社會後，我們應該主動拿過接力棒，自己對自己負責，建立真正屬於自己的審美觀。

2·商業社會的審美偏差

步入社會後，我們就一頭鑽進了五彩斑斕又真假難辨的

世界。

我剛工作時，拿了薪水就去逛街，在化妝品櫃檯前流連忘返。美女的蛋殼肌、文案的造夢力、人間難覓的珍稀成分在高科技的加持下，給我營造了「我用我也美」的氛圍感。

那一兩年，我的生活陷入了「看到化妝品文案或海報就心生嚮往－領薪水後就買回來用－皮膚煥白煥亮並未發生（皮膚屏障受損是常有的事）－復盤我沒有選對或用對產品的原因－繼續被化妝品文案和海報打動」的迴圈。

當我驗證了不少品牌和功能的保養品效果有限，不再亂買亂用後，我又被告知保養品無法抵達真皮層，只有透過醫療美容手段才能觸達。我遲疑了，這樣下去真的正常嗎？

科技的進步，使我們的生活到處充滿了具有欺騙性的完美形象。例如，在廣告和電視節目中，透過後製處理，人的皮膚可以變得白皙水嫩，牙齒潔白有光澤，頭髮順滑飄逸，身材纖細苗條。總之，透過技術處理，他們能讓觀眾看到各種完美形象，進而讓觀眾自慚形穢。這種欺騙性幻覺潛移默化地改變了觀眾對真實生活的認知，讓人產生強烈的不適感。可觀眾就算消費了誇大效果後的產品，也滿足不了人為製造的「偽需求」。

因此，重養自己的審美觀需要進行兩次糾偏——原生家

庭的過度保護帶給我們的美感蔑視，以及商業社會欺騙性幻覺帶給我們的自我貶損。

我們在走過彎路、撞過南牆、掉過陷阱之後漸漸明白，我們是整體的，不是局部的；我們是真實的，不是美化的。

美是多元的，青春有朝氣美，中年有智識美。單一的美是易逝的，與其追求逆天改命，不如拓寬美的邊界——健康是美，勞動是美，創造是美，優雅是美，從容是美，逍遙更是美……

我歷來對生活習慣、皮膚保養較為上心，但對髮型和穿著很隨意。因此，本著查漏補缺的態度，我應該適當地注意自己的整體形象。但正如《誶范叔》中所言：「先敬羅衣後敬人，先敬皮囊再敬魂。」人們無法避免地會先注意到一個人的外在形象。

工作時我們要重視形象。當我穿著不當時，自己就會走神，導致別人的注意力也可能會跑偏；而當我的形象「線上」時，自己是否得體就不會占據我的思維「頻寬」。

休閒時我們也別忽視形象。這幾年我沒出國旅行，有時會瀏覽以前旅行時拍的照片，發現在日本時我全程穿著臃腫

的羽絨服，在泰國時我全程穿著黑灰「懶汗衫」。我一邊翻看照片，一邊責怪自己當時不修邊幅。

我們適當注意外在形象，也是把專業和尊重穿在身上，把心情和風景穿在身上，能大大提升自己的精氣神和愉悅度。

外在形象固然重要，但又不想在這方面花太多時間，因為我還有很多其他更重要的事情要做。這幾年，我終於找到一個省時又高效率的辦法——因材施「美」。

我找來一些變美專家的操作性強的書或課程學習，且只看與自己相關的部分。我當時為了研究適合自己的髮型，就參考教程，根據自己的臉型、面部輪廓、髮量、髮際線、額頭飽滿度、頭肩比、性格、氣質、膚色等要素，確定了理論上最適合我的頭髮長度、曲直、顏色、蓬鬆度、劉海樣式。

理論上，我髮型的「天花板」是不染色、無劉海、長度到鎖骨的蓬鬆中長髮。以前我一直都是原色短髮，為了驗證這個結論，我花了三個季節把頭髮留到鎖骨的長度。每次把頭髮吹出略帶捲曲和蓬鬆感的效果，我都感到前所未有的驚喜和滿意。

我解鎖了理論外形「天花板」，並在關鍵時刻如法炮製。平時，我根據自己的時間、精力、心情和習慣，找到了自己現在的形象和「天花板」形象之間的便捷平衡點。

年紀愈大，我愈愛《莊子》裡的〈德充符〉一文。「德」指的是忘形忘情的心態，「充」是充實之意，「符」是驗證之意。莊子提到一些「怪人」，有的天生沒有腿，有的背上長瘤，有的肩膀比腦袋高，可是這些人覺得長成這樣就叫「天全」。

　　當不再被外在形體束縛，人就與道合一；當不為一般的情感、情趣所左右，人就自在逍遙。與他們打交道的人，也會漸漸被他們內在無限的、高貴的、深刻的精神境界吸引。莊子說：「故德有所長，而形有所忘。」

　　美不只關乎外在的顏值，更關乎「精神顏值」。做了適當又高效率的努力後，我們就忘形忘情，自在逍遙吧。

成為一個有趣的女孩

你是不是像我一樣，心中也有一個名單：如果我是男人，誰將會是我最想娶的女人？

幾年前，我在深圳認識了一個女孩。她就是我心中的最佳人選，因為她很有趣。我幾乎不曾聽到她埋怨工作、說別人的閒話，只見她每天都能從日常生活和工作中找到小新意。在我去她家做客時，她會做新學的拉花咖啡給我；去餐廳吃完飯後，她會在留言簿上畫有趣的漫畫；她常常會兩眼放光地給我推薦城市中有情調的小角落、別具匠心的小物件，以及她親測好玩的新奇體驗。

和她在一起時，我哪怕剛開始興致不高，也會漸漸被她快樂、熱情的狀態感染。認識她之後我才發現，有趣是一種社交美德，更是一種人格魅力。

結合我的所見所聞，我覺得有趣的女孩在性格、氣場及談吐上有以下共同點。

她們對生活熱愛且投入。她們經常神采奕奕，且極具生

活情趣；她們對未知充滿期待和好奇心，喜歡嘗試新鮮事物；她們積極樂觀，有頑童心態，有激情，易快樂，笑點低，很少發牢騷。

她們有豐富的閱歷儲備。她們讀過萬卷書，行過萬里路，有情懷，有歷練；她們自有一套穩固的認知體系，但也不排斥別人的觀點；她們不狹隘，不固執，沒有鄙視鏈。

她們表達清晰，真誠幽默，狀態鬆弛，反應迅速；發表自己的觀點時，她們尺度拿捏良好；和別人講話時，她們能把自己的注意力放在對方身上。

她們會對日常生活進行「微打破」。她們拒絕長久地陷在雞毛蒜皮的事情中，喜歡沉浸在自己的興趣愛好中；她們有想像力，創意十足，喜歡跨界，是自己精彩生活的總策劃；她們有不同於職業身分的多張名片，不墨守成規，時常給周圍的人帶來驚喜。

由於寫作的關係，更多有趣的女孩進入了我的視野。「90後」創意曬孩子辣媽羅淺溪懷孕時，在保證安全的前提下，以自己的肚皮為畫布，用顏料把嬰兒的樣子勾勒成畫。一位懷孕八個月的朋友看到後覺得十分有趣，邀請羅淺

溪也在自己的肚皮上即興創作。羅淺溪為她畫了一幅寶貝雙手捧著臉蛋、笑著望向母親的畫。

幾年前我採訪作家滿碧喬，問她寫作時卡關了會怎麼辦。她的回答是，半天擠不出一個字時她就不再硬寫，出去跟朋友們一起吃頓飯，給他們講一下人物設定和故事構想，在朋友們七嘴八舌的啟發下，她就能把問題輕鬆解決。

如果你身邊也有這樣有趣的女性朋友，和她吃個飯、聊個天就能讓你暫別現實，悄然主宰你所寫小說中人物的命運，而不是讓你僅僅侷限在自己的獎金為什麼沒有同事多，昨天婆婆做飯放太多鹽這種煞風景的話題上，那你已經比許多人幸福了。

那麼，我們怎樣做才能成為一個有趣的女孩呢？

1 · 多沉浸在有趣的人和事裡

工作之餘，我們要多給自己創造有趣的環境，看高品質的脫口秀節目，看機智的段子手微博，生活中盡量接觸說話有趣、有料的人。

「有趣因子」是擇偶的重要指標。能嫁給蓋多的人，即使生活再灰暗，她都能發光、發亮。這位義大利電影《美麗人生》中的男主角，把納粹集中營對猶太人的戕害改編成一

個升級打怪贏裝備的遊戲，換來了兒子沒有心理陰影的童年。

我們在耳濡目染中過得舒坦、開心了，做著自己喜歡的事，就不會產生犧牲感，更不會心態失衡，才能把正能量延續下去，因為悅己永遠是悅人的前提。

2・升級知識、儲備資訊

讀書、看電影、看紀錄片、參觀展覽、旅行、學點冷知識、與不同背景的人交流等，都能拓寬我們的知識面，增長見識。對於未知，我們別雙手交叉抱臂，做出一副抵禦、防備的姿態。

在便利的網際網路時代，尋找開放式課程、論文、名人講座輕而易舉，我們要積極地參加一些高品質的同城主題活動，看完綜藝節目、爆笑段子影片之後，也看看財經、文化類節目。

3・給經歷添加獨家配方

我看演講節目時，發現演講不只是單純的口才較量，更是娓娓道來背後那一串串鮮活的見聞和一段段獨特的經歷。

他們獲勝的籌碼，往往是那些不走尋常路的人生軌跡和獨家感悟。你如果今天重複著昨天，過著比白開水還寡淡的日子，老了之後，想話一下當年都會缺乏素材。

我大學臨近畢業時對國際貿易很感興趣，於是風風火火地去義烏跨專業實習。在找實習單位時，一家企業想把我外派到委內瑞拉。這件事成了我返校之後的一部分談資。後來，我在一家專為羅馬尼亞提供外貿服務的公司實習，跟著客戶學習了一些羅馬尼亞語。這件事成了我返校後的另一部分談資。

4・少些八卦、苟且，多些「詩和遠方」

你一旦沉溺於無休止的家長裡短，熱衷於螢幕上的狗血劇情和公司裡的八卦緋聞，愛嚼舌根，喜歡抱怨，長吁短歎，愛賣慘，擅長傳播小道消息，就很容易成為職場眼中釘、生活毒氣罐。整天八卦、苟且和經常讀書、旅行的女孩相比，氣質上的差別還是很明顯的。

你可以報名學一門外語或一種樂器，去甜品店參加體驗課程，和戶外運動愛好者一起遠足，週末到博物館做講解志工，豐富詩和遠方的形式，把自己從瑣碎的生活中解脫出來，給業餘生活尋找一個有趣的支點。

5・培養高段位的幽默感

喜劇行業資深從業者李新，曾對幽默下過一個定義：「幽默就是從一個有趣的視角來講述痛苦和真相。」平時喜歡看脫口秀節目的我漸漸發現，很多厲害的脫口秀演員都會把自己的弱點或糗事當成自己的喜劇素材。這讓我驚訝於他們即使面對生活的戲弄，也有如此樂觀的態度，敢於用自嘲的方式笑著說出自己曾經的難堪。

高段位的幽默感包含恰如其分的語氣和肢體語言，以及對一件事表象之下的深刻洞察。具有高段位幽默感的人能夠巧妙地揭示出一件事的矛盾和衝突，用令人意想不到的敘述方式展現出來，讓人笑過之後還能產生思考。

6・用個性標籤提高辨識度

休閒自由人也好，優雅高冷風也罷，鮮明的個性和獨特的風格能讓你在人群中擁有很高的辨識度；而過分聽話順從、唯唯諾諾、逆來順受，則會讓你變成小透明。

你可以攝取一些小眾、精緻的精神食糧，以提高自己的辨識度。你要有自己的評判標準和主張傾向，在尊重他人的同時，也能闡述自己的觀點。在別人真誠地向你徵求意見

時，你要避免高頻率使用「隨便」、「無所謂」、「都聽你的」等隱形人專用詞彙。

7‧有趣是多元的，但也有雷區

我們不要用力過猛，因為那樣會像刻意炫技、譁眾取寵。就算你說再多天花亂墜的段子，做出特別誇張的肢體語言，如果拿別人的傷疤找樂子，你也很可能會成為別人眼中低級趣味的代名詞。

你假如自身格局小、三觀消極，還整天覺得自己是厄運記憶體、資深倒楣蛋，必然無趣至極。人們總說「好看的皮囊千篇一律，有趣的靈魂萬里挑一」，我不喜歡讓好看的皮囊和有趣的靈魂相互對立。我覺得好看的皮囊和有趣的靈魂並不矛盾，也不衝突，它們都值得追求。

願我們的皮囊愈來愈好看，靈魂愈來愈有趣。

每週讀兩本書的人生，到底有多賺

　　看了綜藝節目《你說的都對》的第一集，我最深刻的觀後感是，每週讀兩本書的人，活得就像人生開了外掛。

　　在一位嘉賓提到某位經濟學家的名字和論文時，主持人蔡康永給他按燈加分，並且幽默地誇獎他：「你的閱讀範圍廣泛到無聊的地步。」

　　閱讀面和知識面有廣度、有深度的人，大多都思維靈活、談吐有料、自信豁達。其實對於讀書這件事，每年讀一百本書，相當於每週讀兩本，我們只要肯努力，還是能做到的。

　　✿　　　✿　　　✿

　　聯合國教科文組織的一項調查顯示，全世界每年閱讀數量排名第一的是猶太人，平均每人每年讀書六十四本。而第二十次全國閱讀調查報告顯示，二〇二二年，我國成年公民

人均紙本圖書閱讀量為四·七八本，人均電子書閱讀量為三·三三本，遠低於歐美發達國家。這組數據催促著有志青年們，「為國爭光」的時候到了。

近三年來，我過著每週讀兩本書的人生。堅持每週讀兩本書，並不是學霸或菁英的專利。像我們這種上班族，也能毫不費力地完成。

不常看書的人乍一聽，就覺得自己做不到，但逐步將其內化為習慣後便會受益匪淺。我推薦「每週讀兩本書」有兩個原因，一是讀書很重要，二是頻率完全適合大多數人。

❁　　　❁　　　❁

讀書是顏值提升器。

如果你覺得「腹有詩書氣自華」聽上去有點玄，微博上的「春燈公子」有更接地氣的解釋：「讀書讀得多就意味著出門少，不會被曬；讀書讀得多就意味著經常犯睏，睡眠好；讀書讀得多還意味著沒有機會談虐心的戀愛，就不會因為心事太重而產生皺紋。」

讀書是解憂雜貨鋪。

記得有一次我和老公吵完架後，我進書房，他去臥室，分頭冷靜。正在氣頭上的我看到手邊有本敞開的書，順手拿

起來就看入迷了。

　　過了半個小時，老公找我求和，看到正在看書的我早已忘掉剛才的不快，他覺得自己不僅沒看書，還白白多氣了半個小時。

讀書是自卑終結者。

　　我的一個初中同學，她爸賭錢輸了，她媽媽跟別人跑了。有一天，她爸醉倒在街邊，被發現時已經去世了。後來，她和爺爺奶奶一起生活。老師同學都擔心她會變得內向、自卑，但她依然成績名列前茅，活得陽光開朗。

　　讀了很多人物傳記和經典名著的她，並沒有在原生家庭的陰影裡鑽牛角尖，而是轉頭鑽進了精彩紛呈的生活中。

　　讀書真的很重要，因為一本本書就像一節節脊椎，穩穩地支撐著讀書的人。

　　文案天后李欣頻每天都要讀一本書。她說，「閱讀是最大的資產，沒有人可以拿得走。你每天看一本書，一年就能與別人有三百六十五本書的差距。」

　　她的身分隨著閱讀量的增加而增加，廣告人、作家、教師、演講者、主持人……讀書不僅讓她的事業飛升，還讓她

活得更開心了。

　　她的家裡到處都是書，「浴缸邊的書，是我在泡澡時陪我說話的情人；床邊的書，是哄我入睡的心靈伴侶；電話邊的書，是讓我接到話多、無趣又無法打斷的電話時，可以暫時讓我的耳朵、腦袋放空。」

　　我也曾試著學她一天看一本書，但如果書厚、內容深、時間緊，我就會因為做不到而倍感壓力。而且對我來說，看書看得太快容易囫圇吞棗，過目即忘。

　　後來，我慢慢摸索出自己的讀書頻率與效果之間的關係。考慮到自己業餘時間才有空看書，看完還要梳理讀書筆記，經探索與調試，我覺得每週讀兩本書最適合我。

　　我喜歡拿出早起的一兩個小時或週末這種「成塊」的時間來讀書，因為碎片化的時間讓我感覺好像還沒深潛就得浮出，有點進入不了讀書的狀態。

　　通常情況下，我在工作日可以不疾不徐地翻完一本書，週末抽出半天時間也能看完一本，時間充裕的話還可以多看一些。

　　　　❀　　　　❀　　　　❀

　　作為一個每週讀兩本書的既得利益者，我和大家分享三

點心得。

1 · 每個月至少去一次圖書館

我高頻率地在微博上曬書，曾有讀者問我，買書是筆不小的開支吧？

首先，我覺得一本書通常還沒一杯咖啡貴；其次，我讀的書，半數以上都是從圖書館借來的。我經常去的圖書館圖書更新較快，圖書證借書額度是十本，我每月至少會去一次。

我平時發現想讀的書，就會去圖書館官方微信公眾號的「館藏查詢」裡找，如果圖書館裡有這本書，我就會把查詢頁面截圖保存下來。

每次去圖書館前，我心裡都會有一個大概的借閱計畫。到了圖書館，我會先去找平時截圖保存的書，再去自己感興趣的分類書架上挑別的書。

我先精選出十本書，然後自助辦理借書手續，再將書放進圖書消毒機裡殺菌，最後把它們放進書包背回來慢慢看。到了還書日期，我會將看完的做好筆記後一起還掉，接著再借新書。

2・爭取讀一本書就有一本書的收穫

我讀一本書時，會想像和這本書產生一定的連結感，做讀書筆記就很有效。如果是買來的書，我會拿各色筆在書上寫批註、畫重點、記聯想；如果是借來的書，我會在草稿本上簡單記下內容提要和所在頁碼，方便讀完以後做讀書筆記。

除了做讀書筆記，我還「不擇手段」地創建連結感，比如遇到不同於作者的看法時，我的內心就會開展一場辯論賽；看到好玩有洞見的地方，我就會講給老公聽，並和他討論一番；看完整本書後會翻回目錄，盡量複述出書的主要內容和框架；看音樂家傳記時會放他的歌曲，看建築師傳記時會搜他設計的建築圖；有時還會把書裡介紹的方式或方法，有的放矢地應用到日常生活中。

讀書時和讀書後創建的連結感愈多，讀書的收穫就愈大。

3・從每週讀一本書開始

我的一個女同事，以前很少看書，失戀後，常來找我聊天，想讓我開導開導她。我借給她幾本情感類的書。她一開

始不想看，後來無聊中翻著翻著就把書看完了。從那以後，她再也沒讓我開導過她。我猜她在書裡找到了比我更懂感情問題的高手。

正如蔡康永所說：「你去參加一個朋友的聚會，能夠遇到一些屬害的人，但能夠遇到講話驚為天人的人的機率極低。可是，只要打開一本書，你就會立刻被他們嚇到。閱讀最大的樂趣就是你會讀到屬害的世界，裡頭還有許多屬害的骨肉豐滿的人。」

平時很少讀書的人，不必一下子就要求自己每週讀兩本。凡事講究循序漸進，你可以先從解決自己困境的書切入，根據工作性質和時間安排，從每週一本甚至每月一本開始，慢慢確立每週最適合自己的閱讀量。

你不必鑽數字上的牛角尖，不必和其他人比較，任何進步對自己來說都意義重大。當讀書的感受從有用轉變為有趣後你就會發現，讀書能給人帶來內心的安寧、生活的激情和優質的獨處時間。

遠離浮躁，觀照內心，你就可以獲得一種更加高級的開心。每週讀兩本書不僅會讓人生增長智慧，還會讓人活得開心。

首先你要健康，其次都是其次

　　日本詩人伊藤比呂美曾在《閉經記》一書中，這樣描述更年期：「到了我這個年齡，化妝會被人說是妖怪，不化妝會被說成是老太婆。當然這是自嘲。我見人之前一定會化妝，因為我還沒完全做好精神準備，要徹底當一個老太婆。雖然在別人看來，我可能早就是老太婆了。啊，不是可能，是一定。」

　　儘管她生動地描述了一個看似殘酷的現實——衰老不可逆，可我一點也感受不到她因衰老而生的煩惱。在她身上，我看不到一點所謂「年齡焦慮」和「容貌焦慮」的影子，能看到的，只是她靈魂深處的樂觀和風趣。這一切，都要歸功於她的「易沉溺體質」。

　　在書中，你能看到，她一旦認定一件事，就會一直熱烈而執著地堅持下去，直到厭倦。比如跳尊巴、練書法、練坐禪、玩數獨遊戲，甚至翻譯佛經……她說：「我這輩子一直是沉溺式的活法。因為沉溺，我也掌握了爬上岸的本事——

只要重新選個沉溺之處，把貪執分散開就好了。」

　　透過文字，我能看到她神采奕奕、滿懷興致地把每一天都過得繽紛多彩的樣子，卻看不到生活對她的靈魂造成的一點摧殘。

　　或許因為現在能讓人沉溺的載體愈來愈多了，所以「易沉溺體質」在人群中變得愈來愈常見。就像我爸，這兩年來，我發現從前一向寡言的他變得有趣許多，還經常給我講他看到的有意思的短影片，逗得我哈哈大笑。

　　公司新來的同事是一個一九九八年出生的男生，他給人的第一印象是有點悶，不太愛說話。但某天辦公室裡有人聊起電競時，他竟聽得兩眼冒光，隨即跟著滔滔不絕地討論起來，表現得極為興奮。

　　其實只要我們不「走火入魔」，「沉溺式」的活法確實會讓人變得更有趣，也會讓人生變得更豐富。不過我認為，女性要想真正地變得更好，只是做一個靈魂有趣的人並不夠，還要有一個健康的身體作為支撐。因為在健康的身體面前，其他事物都只是「皮之不存，毛將焉附」的存在。

　　我的身體使命重大，我有太多需要仰賴健康的身體才能達成的心願。為此，我每日不間斷地養護自己的身體，不為悅人，只為悅己。

養兵千日，用兵一時。我的身體，就是我的兵。

如今，我堅信：靈魂有趣加身體健康，才是一個女人的「王牌」。

❀　　❀　　❀

當今社會，不健康和亞健康的人都不少。在高齡人群中，「三高」者已成了「基本款」，而年輕人也各有各的「款」。

微博有這樣一個熱搜話題：年輕人的體檢報告。話題之下，我們能看到當代年輕人的身體狀況：高度近視、體重超標、骨密度低、鼻炎、甲狀腺結節、頸椎病、腰椎間盤突出、脂肪肝、胃潰瘍、痔瘡、乳腺增生、腎結石……

我中了三個，你呢？

再看看我身邊那些活生生的樣本。

我的老公，在不到三十歲時就有腰椎間盤突出，犯起病來，連走路都直不起腰。悲催的是，有一次，他告訴我，腰再疼都比不上抱不動女兒的「心疼」。

我那位出生於一九九八年的新同事，在某天午飯後差點暈倒。同事們急忙送他去醫院，結果見他被診斷為腎結石。而後他做了個微創手術，「一戰成名」——現在全公司都知

道他得過腎結石，見面打完招呼一定會順帶著囑咐他多喝水。

我的好友，為了減肥堅持跑步，卻一不小心傷到了膝關節半月板，現在連走路都費勁。前陣子她家因為女兒上小學，要換另一個位置的房子。原本她想選擇五樓，最後因為自己的膝蓋不好、腿腳不便，只能選擇多花二十萬元買下可以少爬一層的四樓。

我環顧了自己的朋友一圈後，不禁感慨：身體健康的人真是萬里挑一呀。

同事們常誇我體力充足、精力充沛，老公也常對我說「全家感冒，就你沒事」。

實不相瞞，其實我也掉頭髮、貧血、失眠，連二尖瓣都「關不緊」。雖然如此，但我覺得我的身體機能仍然優於標準指標。

在我看來，我三十五歲時的身體比三十歲時好，三十歲時的身體又比二十五歲時好。我讀中學時，跑個八百米都能昏倒在跑道上；讀大學時，更是反覆生病。那時候聽醫師說，我是「重度貧血」，結果我聽成了「中度貧血」，醫師不得不強調是「重度」；二十五、六歲的時候，我在深圳工作，每天晚上八點多才回到家，經常累到一頭栽到沙發裡就能睡

著，再到半夜十一、二點醒來後去刷牙洗臉。

我極度厭惡病懨懨的感覺，尤其在我媽罹癌後，我害怕自己也難逃此劫。但我有太多事情想做，有太多風景想看，所以我必須照顧好自己的身體。

我竭盡全力追求健康又有活力狀態的身體，因為它是我實現所有心願的階梯。

為了讓我的身體健康，我不辭辛勞。

1・為身體「建檔」

我以前做過單證工作，就是為每份貿易委託合約建檔，檢查檔案裡的所有相關資料，確認無缺項後編號存檔。

受這段工作經歷影響，我連家裡裝修都要建檔，採用的就是我在義烏實習時看到的羅馬尼亞客戶採購商品所用的方法。他們會準備一個軟皮筆記本，寫上採購品的品名、數量、送貨時間等資訊，並索取店家名片，再用釘書機把名片訂在記錄頁的背面。後來有一次家裡的吸頂燈掉了，我很快就找到了裝修檔案，查詢並聯繫到商家，最終獲得了補償。

我對工作和裝修的檔案記錄都這麼用心，對自己身體的檔案記錄就更加用心了。我用一個 A3 紙大小的筆記本為我的身體「建檔」，在上面標清年份，把自己每次就醫後的醫囑、每年體檢的異常專案都記錄在這個筆記本上，再把體檢明細、檢查報告裝在袋子裡放好。

2・聽醫師的話

　　我發現，很多人都不重視醫囑。我在懷孕晚期出現體重增加過快的情況，被醫師告知，如果我想順產，飲食安排就得按照糖尿病患者的標準來制訂計畫，但婆婆和同事都勸我想吃就吃，別虧待自己。思索再三，我覺得還是要聽醫師的話。畢竟醫師學醫學了好些年，又有幾年臨床行醫的經歷，我是排了隊、付了錢才聽到她的醫囑的，所以一定要聽她的話。後來的事實證明，我是對的。

　　很多人不顧自己身體的現狀，盲目跟著各種影片或文章學習美白、運動和控制卡路里攝取的方法。他們也不管自己血糖高不高，就覺得喝粥養胃；不管自己血壓高不高，早起就喝杯淡鹽水。

　　當然，我也走過彎路。我平時不太愛喝水，也不怎麼吃水果，但見好多網路博主和專家都會提醒人們要多喝水、多

吃水果。為此，我曾一度一天設定八個鬧鐘提醒自己喝水、吃水果。

直到查出我有「中度二尖瓣逆流」後，我把北京阜外醫院和我們當地三甲醫院的醫師給我的醫囑結合起來看才發現，加重心臟負擔的因素包括：作息不規律、勞累、情緒激動、病毒感染、吃得過飽等；飲水量過大，攝取過多含水量豐富的食物；體重在短期內迅速增加。

由此可見，連多喝水、多吃水果都不是放諸四海而皆準的建議，更何況其他。現在的我已把醫囑倒背如流，並付諸行動。我以前動不動就吃十分飽，現在基本上吃六、七分飽就會自覺放下筷子；以前覺得自己體重正常，完全不想減肥，現在卻能管住嘴、邁開腿，輕輕鬆鬆就瘦了一・五公斤。估計因為我的心臟的負荷減輕了，所以我現在整個人都感到輕盈舒適。

我們要記住，能救我們的是醫師，不是白馬王子。

3・做自己的「白老鼠」

不論是醫院檢查出的症狀，還是在日常生活中發現的健康問題，我都會高度重視，並認真查閱資料，把我在生活中可以注意的事項、改變的習慣都一一記錄下來。一旦有時

間、有條件，我就會去嘗試。就算沒時間、沒條件，我創造機會也要嘗試。

比如，為了改善我貧血的狀況，我試過很多補血的方法。對於我的身體來說，紅棗效果不顯著，阿膠讓我上火發炎，而補鐵是最快能讓我的血紅蛋白值抵達正常區間的途徑。

再比如，我的失眠問題。大學畢業前後，我有一段時間經常失眠，生孩子前後又出現失眠的狀況。我將飲食、作息、運動、泡腳、按摩穴位等不同的調理方式，以不同的組合進行搭配，去探索最適合自己的改善睡眠問題的方式。甚至連聽什麼聲音更有助於入眠，我都恨不得為自己總結出一個攻略。我從電子書、白色雜訊、冥想音樂、催眠故事等方式中隨機選擇，在鎖定電子書後，反覆實驗，終於見到效果。

我完全把自己當成實驗室的「白老鼠」，而且比我在學生時代做實驗的時候負責任多了。我對自己做的實驗，一定是在安全範圍內的，而不是神農嘗百草，更不是隨便拿自己開刀。

靠這三步走，現在我終於把自己的身體調理得愈來愈健康了。

你可能只是看上去很自律

正確的自律，刷新身材標準

某天下暴雨，下班後我踩著水坑去報名參加練瑜伽。

當時有位從北京總部過來的名師上瑜伽課，課程被搶報得十分火爆。我沒搶到名額，卻仍不死心地排隊爭取。功夫不負有心人，由於有人因雨大沒去上課，我最終於當天下午收到了上課通知。

老師一進門，還沒說話身體就已發言——肩背平整，身材勻稱，根本沒有斜方肌、「富貴包」、贅肉存在的餘地。

我忍不住盯著老師看：從她優美的天鵝頸到修長的筷子腿，全身上下無一處不在告訴我：只有長期正確地運動，才能擁有如此完美的身材。

老師開始上課，她一開口就把我征服了——來自身體深處的聲音中氣十足。看來瑜伽的腹式呼吸已然貫穿於她的聲音。從別人身體深處的聲音中，我們很容易聽到自身深處的聲音。雖然屋外下著暴雨，屋內也十分擁擠，但我的內心卻

充滿了平靜和喜悅。

　　雖然她的課程講的是瑜伽基礎的入門體式，但整節課都在被督促用小腳趾使力的我，卻體驗到了無與倫比的暢快感。而當天的暢快感又變成了隔天的痠爽感，且持續數日。同樣持續數日的還有我對老師的好奇：她究竟有多熱愛瑜伽，才會把自己的身體交給它？

　　她的聲音、體態、氣質，無不體現著她本人與瑜伽的「作用力」和「反作用力」。但我相信，如果她只是一味地堅持練習瑜伽，不對錯誤的姿勢進行糾正，那麼運動中細微的偏差經時間積累，不可能塑造出她現在這般讓人豔羨的身材。

　　只有堅持和熱愛，不足以讓人日趨完美。真正厲害的人，懂得用對的方式付出努力。

正確的自律，刷新身體極限

　　蘇炳添在三十二歲時，給網友們寫了一封信：你依然可以「飛」起來。

　　這封信是我最愛的鎮「夾」之寶。他在信中寫道，在二〇一七年全運會前，他打算在這次比賽中拿到金牌後就結束

運動生涯。然而事與願違，在他意外痛失金牌後，新婚妻子明白他的不甘，便取消了蜜月行。於是蘇炳添重回訓練場，幸運地遇到了教練蘭迪‧亨廷頓。透過有針對性的訓練，蘇炳添的肌群力量得到增強，腳踝剛性不足的狀況得以改善，也解決了起跑姿勢不合理、起步步長偏小、扒地技術不成熟、全程呼吸速度和節奏不佳等問題。不僅如此，亨廷頓教練還幫他建立了強大的信念：你有進入奧運會「百米飛人」決賽的潛能。

二〇二一年八月一日，在東京奧林匹克體育場上，蘇炳添跑出了九秒八三的好成績。蘇炳添在信中寫道：「老運動員更成熟的技術和常年在賽場上累積下來的經驗，有時會比年輕的身體更有優勢。」

透過蘇炳添這件事來看，我們若把年齡當作問題，就是自己給自己設限。我之所以經常翻看這封信，是因為覺得正確的自律一定能改變心態和方法，最終帶來超越和成功。

三十六歲的我面臨幾件要事：一是育兒，我希望女兒當下少些身心煩惱，未來沒有經濟之憂；二是工作，我要在社會大生產體系中發揮我的效用；三是寫作，我要用兼職的時間做出全職的效果。

人們總說女人不需要取悅誰、討好誰，但我想，我一直在試圖取悅和討好的，是我的身體。我愈長大愈懂得了一個

道理，就是你要做什麼事情，最需要做的就是先和你的身體好好「商量」：只有身體支持你，你才能獲得准許資格；如果身體不支持你，你就繼續取悅它和討好它。

　　　　🌼　　　🌼　　　🌼

正確的自律，洗刷「職業病」
　　我開始寫作後，經常研究兩位作家的寫作之道：一位是唐家三少，另一位是村上春樹。
　　在一期《朗讀者》中，董卿採訪了唐家三少。他說他保持作品日更已經十四年了，且每天能寫八千字。新婚之夜，他在寫；妻子生孩子，他在寫；發燒生病，他還在寫。他說：「我能寫十四年，不只是因為堅持，更是因為熱愛。」這份堅持和熱愛，讓董卿連說了三個「最」：最勤奮、最高產、最富有。
　　看到這裡時，我本來挺羨慕他的。但後來唐家三少說，他的頸椎和腰椎已經有了嚴重問題，根本沒辦法「掰頭」。於是，我對他的羨慕變成了反思。
　　村上春樹在《關於跑步，我說的其實是……》一書中，講了他透過跑步不僅悟出一個小說家的真實，鍛鍊了一個小說家的身體、培養了精神和磨鍊了意志，還提升了一個人做

人的境界。

《聽風的歌》獲獎後，由於長期伏案寫作，村上春樹的體重開始增加，體力也不斷下降。因為寫作需要精力高度集中，所以他時常靠抽菸提神，給自己的健康埋下了隱憂。村上春樹意識到，沒有健康的身體，寫作是不可能長久的。

於是，村上春樹從一九八二年的秋天開始跑步，已經堅持了四十多年。他說自己在街頭跑步時，一眼就能分辨出其他長跑者誰是新手，誰是老手。「呼哧呼哧地短促喘氣的，是新手；呼吸安靜而勻稱的，則是老手。他們心跳徐緩，一面沉湎於思考之中，一面銘刻下時間的痕跡⋯⋯當你不顧一切地堅持跑完，便覺得彷彿所有的東西都從軀體最深處擠榨了出來，一種類似自暴自棄的爽快感油然而生。」

村上春樹每週要跑六十公里。這讓他慢慢變得身體健碩、精力充沛，並且成功幫助他戒了菸。村上春樹認為，寫作是十分孤獨的職業。這份孤獨雖然催生靈感，但容易摧毀生活。他透過跑步排解過多的孤獨感，讓身心處於健康平衡的狀態。每當他因為某件事心情不佳、焦躁鬱悶時，他就會比平時跑得更久一些，以消耗更多的體力。在跑步的過程中，隨著體力逐漸消耗，村上春樹會先把自己的情緒默默吞嚥下去，再把自己的所思所想融入小說中，從而將吞嚥下的情緒釋放出來。在這情緒的一進一出間，生活的煩惱

隨之消散。

　　我提到的這兩位作家，他們有著同樣的天賦——熱愛和堅持，但身體素質相差甚遠。

　　最近，我父母來幫我們帶孩子。我發現媽媽的身體愈來愈好了。閒談中，她說長期的教師工作讓她落下了不少職業病，比如頸椎病，尤其當頸椎壓迫到神經後，還引發了高血壓。退休後，她注重飲食、鍛鍊身體、娛樂心情，身體愈來愈好了。她告誡我：「千萬不要以職業病為榮。」儘管有些職業會讓人沉澱一些迷人的特質，但真正有智慧的人，只會把好的氣質、知識、技能沉澱下來，而把職業病這種「爛菜葉」扔掉。

正確的自律，克服惰性

　　作家王瀟曾這樣描述「魚鰾」大叔們：「該群體全身最大圍度都在滾圓下墜的腹部，整個人像一枚無力軟綿中部鼓脹的魚鰾。」她說：「相對於『外貌協會』，我也許更是一個身體主義者……我的心讓我深沉地、持續地喜歡著那些歲月流逝後依然保有輪廓美好清晰的身體的人們。」

　　我也曾有「魚鰾」階段：中學時，我以為我的家人都不胖，所以我沒肥胖基因，無論怎麼吃都不會胖。那時我下課吃零食，回家吃正餐，晚上吃宵夜。可是，我很快就發

胖了。但我真正介意的不是胖，而是自己跑八百米時暈倒、上樓氣喘吁吁的虛弱身體。

其實，人的生長本來就是「熵增」的，不想要的元素總會愈來愈多，比如皺紋、脂肪、斑點、白髮。而人的成長，是反「熵增」，甚至是「熵減」的。要想讓「熵增」減緩，人就需要克服與生俱來的惰性。

緊實的腹部，背後是日復一日的低油少鹽飲食加捲腹運動；上翹的臀型，背後是無數深蹲後踢和橋式箭步訓練；悅目的顏值，背後是健康飲食和規律作息。

我最新的座右銘是：克服惰性，改變命運。

健康科學、張弛有度的生活方式就像煙火，需要經過一段時間的升空，才會絢爛綻放。而隨波逐流、及時行樂的生活方式就像甩炮，快感與誘惑兼具，但是短暫響一下就會變成空殼。

堅持練瑜伽三年，讓人脫胎換骨

我曾看到讀者群裡有人拋出一個話題：大家有堅持做了三年的事情嗎？

瑜伽。我掐指一算，自己不知不覺已經堅持練習瑜伽三年了。回顧我的瑜伽練習史，它可以分為三個階段。

第一階段：自學階段

我是一個每天醒來就充滿幹勁的人，歷來喜歡跑步、打球，甚至甩戰繩等偏劇烈的運動。

三年前，我第一次懷孕，可是最後卻莫名其妙地流產了，我懷疑這可能和自己的運動強度太大有關。於是，我就開啟了瑜伽自學階段，主要是平復心情，做些簡單的伸展。當時我養成了一個小習慣：睡前打開 Keep APP，練習二十六分鐘放鬆瑜伽。

第二階段：孕產瑜伽

我第二次懷孕後，在懷孕初期反應很大，體重驟降，狀態變差。熬到中期後，孕吐反胃症狀減輕，我迫不及待想重回運動的懷抱。產檢結果出來後，我問醫師自己能否練孕期瑜伽，醫師說沒問題。於是在我懷孕第十四週時，我開始正式練習孕期瑜伽。

　　孕期瑜伽，呼吸基本是鼻吸口呼，重點是盆底肌訓練，體式較少，基本圍繞著手臂、肩背和臀腿，但並不單調，因為輔具多變，有瑜伽磚、瑜伽球、毛毯、椅子、彈力帶等，每節課都有新鮮感。

　　週末的兩次瑜伽課，可以喚醒我一整週的良好狀態。每次運動量不算小，我記得有個雙腿夾磚、背靠牆壁、雙腿下蹲的地獄動作，據說是模擬分娩，能縮減第二產程。有次上夫妻瑜伽課，我老公練習了這個動作，也覺得很累。我一直到懷孕三十七週足月後才暫停瑜伽練習。我順產無側切，生完也有勁，沒遭遇子宮脫垂、漏尿等狀況。

　　我去做產後盆底肌檢查，結果不太理想，於是我接著報名產後瑜伽。前幾節課我就是躺著、跪著、趴著練盆底肌，聽著口令，花樣收放，閉上眼，想像肚子上有條拉鍊，一點點收緊並保持。後來還有空中課和牆繩課，我雖然上課稍顯吃力，但我就這麼堅持練習到孩子滿一歲。

第三階段：綜合瑜伽

產後一年，我體能恢復很快，就繼續去綜合瑜伽館練習瑜伽。我發現和孕產瑜伽不一樣的地方在於呼吸和體式，我的呼吸常被老師糾正：除了練核心肌群時用鼻吸口呼（呼氣發嘘音），其他時候盡量用鼻吸鼻呼。

綜合瑜伽館類別很花稍，包含哈達瑜伽、陰瑜伽、流瑜伽、阿斯坦加瑜伽、塑形瑜伽。我好奇地都嘗試了一遍，然後根據自己的時間和狀態來選課。

現階段我還是喜歡練習塑形瑜伽。每次調息和唱誦後，我以山式－平板式－四柱－上犬－下犬的順序開始做基礎串聯，由此進入其他體式，如站式二、站式一。

練著練著我開始對瑜伽上癮，為了上節早課再上班，或下班練完趕緊回家，我經常叫車，導致我交通開銷變大。

說完我的瑜伽練習史，我想總結一下瑜伽帶給我的改變。

1 · 體態

多年前，我決定用十年時間改變不良體態，因此學形體，練瑜伽。原本瑜伽課結束後我給自己安排的課是成人芭蕾，但由於孕產期見識到練習瑜伽的效果和魅力，我打算再練至少一年。

我確實覺得自己體態好了很多，明顯改善了不自覺扣肩、無意識駝背的狀況。坐、臥、躺的時候，我只要心中空閒，就會回想坐、臥、躺的正位狀態。

2・塑形

有一天，我和辦公室一位練習了十幾年瑜伽的同事聊天。她在公司附近上課，每天午休都去，風雨無阻。她四十多歲，生過兩個孩子，飲食口味雖重，但身材和狀態都很好。

那天，她說堅持練習瑜伽帶給她最大的改變是塑形。當她告訴我她的體重時，我驚呼完全看不出來。她堅持練習瑜伽，不僅把她的肌肉鍛鍊得緊實且線條修長，還讓她的 O 形腿變得不再明顯。

而我自己因為生完孩子腰部較鬆，所以喜歡選擇腰腹、肩背等重點部位或全身的塑形課程。現在，我的側腰贅肉基本消失，小腹和手臂也強健很多。我老公以前常對我說，他

們方言中有「囊囊臍」的說法，形容的就是像我這種鬆軟的肉質，但這幾年他基本沒再提過。

3・心態

每次上完瑜伽課，我心裡的褶皺就會被撫平。

年紀愈大，我愈感受到堅持練習瑜伽的益處，尤其是心態方面。進入瑜伽館這個結界，我先切斷外界，再尋回自我。我發現很多瑜伽口令很玄妙、很有哲學意味——把呼吸帶到後背、讓聲音從眉心發出、關閉你的意識、感恩身邊人的能量分享……看似沒邏輯吧！可我現在也能體會到口令的妙處。我會忘掉很多事，清空大腦，專心聽口令，關注自己的呼吸。我在吸氣時給身體創造空間，呼氣時進一步加深體式。減少雜念，對我而言是極佳的休息。

練習瑜伽三年，我改變了很多，從筋到骨，從形象到氣質，從裡到外都有所改變。

我覺得瑜伽雖然是種值得宣傳的運動，但不能過度吹捧。很多女性明星都在練瑜伽，她們都收穫了好身材和好狀

態，而你可能會收穫傷病。有種「瑜伽病」，就是練習者勉強自己完成暫時做不了的體式，最終導致肌肉拉傷、關節錯位或關節炎。

我們在自學時，最好以呼吸、冥想、放鬆為主，不要一個人練到身體打結。在自己核心和四肢肌肉力量不夠的情況下，我們千萬別拿肩頸當支點。

上課時，在老師掰疼你那一刻，你一定要直接拒絕，不要不好意思。

給我印象最好的老師，一定體態良好、四肢肌肉有型、聲音中氣十足。好老師還會提醒你使力部位、提醒你保護自己，比如關節不要鎖死、虎口壓實地板、不要憋氣……好的老師，一定會幫你調整容易受傷的動作，而不是「幫」你完成你做不到的高難度動作。

三年下來，我感謝練習瑜伽對我的幫助。在很多次課上，我都會偷瞄教室後方的時鐘，因為覺得練習得有點辛苦。可我知道，練習瑜伽幫我避免了太多痛苦。

我們若不想自己痛苦，就得稍微辛苦自己。這是堅持練習了三年瑜伽告訴我的道理。

白天腳踏實地，晚上「覺」踏實地

我張羅密集養生已經有段時間了。我為臉買了面霜、美容卡；為頭髮買了生髮精華、養髮卡；為腳買了泡腳精油球、足部按摩儀；為腰背買了中藥手錘、背部按摩儀、艾灸貼；為嘴巴買了核桃、芝麻丸；為身體買了智慧手錶、瑜伽卡……

一兩個月後，我明顯發現自己皮膚變好了，氣色紅潤了，頭髮多了，大腦靈活了，體重輕了，心情好了……

論功行賞，誰功勞最大？

答案：睡覺。

1．睡個好覺，既省錢又省事

最近兩個月，我幾乎每天在晚上九點多就睡覺，並且差不多睡夠八個小時。

我每天用智慧手錶監測自己的睡眠情況，把睡眠「大

盤」盯得很緊，緊到連股市操盤手見到都得誇我敬業。

每天夜間的睡眠時間和白天的零星睡眠時間我都記錄下來，精確到分鐘，連深睡、淺睡、快速眼動的時間也不放過。我還會記錄深睡比例、淺睡比例、快速眼動比例、深睡連續性、清醒次數、呼吸品質等數據。

如果與昨天相比數據有所提升，我就找找當天有哪些正向行為，以後逐漸強化；如果資料有所下降，我就找找當天有哪些負向行為，以後逐漸減少。

自從戴上智慧手錶，我相當看重自己的睡眠分數超過了多少人，因為這個數據與我當天的心情指數、助眠準備相關，可謂牽一髮而動全身。每天最開心的事，就是我的睡眠品質綜合分數排名提升了。

電腦的開機速度打敗了多少人，那是電腦厲害；孩子的成績排名超越了多少人，那是孩子厲害；而我的睡眠品質排名超過了多少人，那才是我厲害。

人在睡不好時，對自己最有虧欠感，總想拿錢補償自己，但終會發現錢也無法彌補已經缺失的睡眠。又忙又累的時候，一些產品和服務確實能讓自己好過一會、放鬆一下，但其持續時間和效果，完全無法跟良好的睡眠相提並論。

產品和服務是「花」，睡覺是「錦」。沒有錦，花根本沒地方去添。

演員李美琪（Maggie Q）曾說：「晚上九點睡、早上五點起，當你醒來時，你會感到神清氣爽，不會有像痛苦、偏執、絕望、憤怒、沮喪等情緒。這些情緒都是因為晚上沒有睡個好覺產生的。」

對此，我深有同感。以前我在車上看手機會頭暈，最近不得不在車上處理工作時，發現做完手頭的工作後也沒有不適感。以前我每個月都會偏頭痛一兩次，近兩個月不但沒痛過，大腦也不會累到產生「CPU」燒焦的感覺。以前我總感覺眼睛腫脹，現在感覺眼睛也不腫了。

我現在體重減輕了，因為身體在睡覺時會分泌一種叫「瘦素」的激素，能夠加速脂肪分解。我現在心情很好，感覺自己更活潑、陽光、開朗，愛好多了，焦慮少了。

2・睡個好覺，再難也不放棄

一個叫《11 點睡吧》的綜藝節目提出了「睡吧 118」的口號，意思就是晚上十一點睡覺、睡夠八小時、爭取活到一百一十八歲。很多明星來參加直播睡覺比賽，他們穿著睡衣，戴著監測設備——有人快速入睡，有人輾轉難眠……

雖然成年人在睡覺方面沒有「容易」二字——工作壓力、煩心事、手機誘惑、孩子哭鬧……但成年人的字典裡也不應

有「放棄」二字。

演員吳宣儀曾因拍戲產生睡眠焦慮，她睡前會用 DIY 手機殼來排解壓力；演員袁弘會研究各種入睡妙招，比如用安神的沉香或聽助眠的音頻節目（從郭德綱的相聲到莊子、王陽明的哲學著作），他說這樣「非常好睡」；黃子韜曾經只要在睡前看到手機上的工作訊息，就會睡意全無，直到身體吃不消後，睡前就把手機切換成飛航模式。他說：「不帶煩惱睡覺，才能事半功倍。」

成年人各有各的苦衷，各有各的問題，我們只能調整心態，找尋適合自己的解決方法。

3・睡個好覺，需要對症下藥

你如果給自己的睡眠品質分數不高，請找出主要原因，然後單點突破、對症下藥。

我現在睡眠品質上不去的主要原因是孩子。在孩子三歲前，我的目標是每天睡夠八小時。其實八小時只是一個平均數，不是硬指標。睡眠睡的是週期，九十分鐘算一個週期。我們如果每週睡夠三十五個完整週期，就算擁有非常優質的睡眠了。

但有孩子的人是無法控制孩子夜裡幾點起來喝奶、幾點

醒來大哭、幾點翻身哼唧的，有時甚至見孩子睡得香沉，自己還會擔心地起身摸摸孩子的呼吸。

有孩子的人也沒什麼好糾結的睡眠規範，睡六個小時還是九個小時，睡覺仰臥還是側臥……都無所謂，我們只能盡可能地多睡，只要想睡且有時間睡就能快速入睡，即堪稱「王者」。

我是早起者，過去十五年基本在晚上十點三十分左右就睡覺，早上五點三十分左右起床。早起讓我在工作和生活之餘開闢了一個靜謐與激情並重的寫作分身，看書、寫書、出書，實現自己的小小夢想。

以前的我，睡眠時間雖不算長，但品質上乘，只要一碰枕頭，不到兩分鐘我就睡著了，風雨雷電都不能將我吵醒。醒來以後我總是精神煥發，大腦轉得飛快，整天精力充沛。

但生完孩子後，我遭遇了睡眠路上的「攔路虎」──我女兒。孩子的睡眠毫無規律可循，讓人捉摸不定。有時候她能一覺睡到天亮，有時候她夜醒數次，讓我的睡眠漸漸變得隨機化、碎片化、低質化。尤其年初在她生病時，我和她爸一週都沒睡好。那段時間，除了睡個好覺，我別無他求。

為了睡個好覺，我做了很多努力。雖然睡眠品質我無法保證，但我要先把時長睡夠。晚上九點左右，我把女兒放到嬰兒床，我睡在大床上，用智慧音箱以百分之十的音量重複

播放女兒的助眠神曲〈三隻小熊〉。這種歌詞聽不懂、旋律輕快簡單且短週期循環的聲音，對我的助眠效果也非常好。我和孩子一起早睡，堅決不搞把孩子哄睡著後自己再起來玩那一套。

曾經我覺得一天上班、帶孩子下來真的很累，所以想有自己的任性時間，俗稱「報復性熬夜」。我在睡前總要來遍「手機景點旅遊」——微博、豆瓣、小紅書、B 站、抖音……於是，我總是睡得很晚，夜裡又被孩子弄醒，第二天就會有氣無力、情緒低沉、效率變低、記憶力變差、創意力下降。

其實哪有什麼「報復性熬夜」？只有「報應式熬夜」！

我現在盡量把白天的時間安排得科學且緊湊，保證女兒曬太陽、做運動的時間，睡前把女兒的精力耗盡、肚子餵飽。我見縫插針地節約時間：下車前找好鑰匙、接電話快速講完、走路走得飛快……這不禁讓人懷疑，我是不是要趕著去投胎。殊不知，我只是趕著要去睡覺。

現在最困擾我的問題，是一旦我夜間醒來就會深睡不足、淺睡超額。我好像暫時無計可施，只能著重研究被孩子弄醒後，自己該如何快速入睡。我目前的心得是：馬上起身去拿手機和耳機，試試助眠音樂和聽過很多遍的小說。反正我就硬睡，一直到睡著為止。

我堅信：有志者，事竟成。睡覺也一樣。

⚜　　　⚜　　　⚜

至於睡眠觀，我不喜歡教條主義。比如，晚上九點到十一點是免疫系統排毒時間，應保持安靜；晚上十一點到凌晨一點是肝臟排毒時間，應進入睡眠狀態；凌晨一點到三點是脊椎造血時間，應處於熟睡狀態。雖然身體的運行規律或許的確如此，但我們如果強制遵循它去安排睡眠時間，就會給自己帶來壓力。

我更不喜歡「恐嚇主義」的睡眠觀。比如微博熱搜上的「90後女孩熬夜十年長出老人斑」；小紅書上的「女孩連熬兩夜，在朋友生日宴上暈倒」……在我心中，恐懼不一定催生行動力。

睡覺是萬分美好的事，它是一個渡口，能把你從喪氣渡到充滿元氣，從疲勞渡到興奮，從失望渡到希望。三毛說：「今日的事情，盡心、盡意、盡力去做了，無論成績如何，都應該高高興興地上床恬睡。」美好人生，就是白天腳踏實地，晚上「覺」踏實地。

第 三 章

清醒的女生，通透的活法

保持身材苗條，不是服「美役」，不是取悅誰，更不是柔弱到要激起異性的保護欲，而是努力追求勻稱緊實又體力充沛的身體；適當「神經大條」，不是情商低，不是粗線條，更不是故意揣著明白裝糊塗，而是拒絕被別人操縱情緒。

別讓內耗輕易超標

這兩年，我發現自己真的太容易內耗了，行業洗牌、賺錢不易、初為人母……在內外交困中，我也成了一名「內耗大戶」。

我著實取得過一些「成績」：全國「胡思亂想大賽」前五名、世界「愛生悶氣錦標賽」十連冠、「中央戲精學院」優秀畢業生、國家著名「自我打擊樂隊」隊長、「想得多做得少協會」榮譽會長……我什麼也沒做卻天天煩，沒做什麼卻累夠嗆，每週總有好幾天過得「生無可戀」，眼睜睜地看著日子一天天廢掉，出師未捷身先內耗死。

我也明白，自己以後的日子還長，不能一直這樣「廢」下去。於是，我端正態度，開始了我的反內耗行動：練瑜伽、做冥想、寫手帳、抄經書、打卡「走出內耗的七個習慣」、遵從「停止內耗的九條建議」、嘗試聲稱「能治好精神內耗」的方法……

有些內耗我用了一小時治好，但只堅持了一分鐘就復發了；有些內耗我拒絕了它一百次，它卻主動找了我一百零一次；有些停止內耗的建議很反人性，我連內耗都鬥不過，還得鬥人性。反反覆覆中，我的內耗非但沒有停止，甚至追求停止內耗的行為反而給我造成了新的內耗，讓我更感心累和挫敗。

我曾看到過一個觀點：人的大腦每天都會產生五萬至七萬個想法。如果真的是這樣，那麼即使每個想法只有一個字，大腦每天也快能出一本書了。

科學顯示，一個人就算什麼也不做時大腦也仍在空轉——這種預設模式消耗著我們人體百分之二十左右的能量。這些研究讓我釋懷——原來那些使我內耗的想法，根本不是我想停止就能停止，想拒絕就能拒絕，想遠離就能遠離的。

❁　　　❁　　　❁

某天，我和一位從事加工貿易工作的朋友聊天，她說自己每天的工作就是審核加工貿易手冊。如果進口料件和出口成品對應的單耗（指加工貿易企業在正常加工條件下加工單位成品所耗用的料件量）超標，就會觸發系統的風險提示，

那麼她就需要細摳每一個生產環節的有形損耗和無形損耗、出成率和損耗率，並找出原因，然後退單，讓對方檢查資料、自查工藝，再重新申報。

我邊聽邊得到啟發：每個環節都可以導致內耗，只要加起來別超標就行；但如果內耗真的「超標」了，就要果斷進行自我調整。就像羅翔老師所說：「只要人生存在，就一定會有內耗，關鍵是內耗得在一個合理的區間內。」

一旦我接受了「有內耗，不丟人」、「有內耗，很正常」這個設定以後，內耗就會「觸頂」下降。我甚至理解了作家余華的觀點：精神內耗不是一件壞事，在某種程度上，它是人在尋找出口。

在我和內耗鬥智鬥勇的兩年中，我也會往好處想，告訴自己「意識到內耗」其實是一種自我關懷，是光照進來的那條縫，它可能會讓我的人生迎來突破。而我確實也看到了一些積極的個案：有人在工作中特別內耗，煎熬了一段時間後選擇辭職，後來卻找到了自己喜歡的工作。我發現，我不必拚命追求內耗「清零」，輕微內耗的生活也能讓自己活得不錯，說不定還能活得更好。

既然內耗停不下來，甚至在某種意義上還具備某些好處，那麼我們朝著「別讓內耗輕易超標，超標後也有辦法降低內耗」的方向前進即可。我們盡量去過低內耗的輕盈人生，選擇順應天性又輕鬆高效率的方式生活，讓自己感覺玩著鬧著、說著笑著就能降低內耗。

　　關於低內耗生活，我分享三則建議，請各位笑納。

1・低內耗的人，經常花十秒鐘內化積極體驗

　　很多人可能跟我一樣：出門晚了，如果趕上公車，我只會慶幸一會；如果錯過公車，我就會鬱悶很久。一天發生了二十件好事，但只要自己犯了一個錯誤，我在睡覺前最可能反覆回想的，就是那個錯誤。壞消息少，但獲得的注意力高；好消息多，卻經常被人視而不見。因為我們的大腦總是傾向於「記壞不記好」。

　　神經心理學家里克・漢森提出：讓大腦容易看見好消息，花十秒左右的時間，把好消息變成內在的好體驗，安裝到大腦中。

　　擁有（Have）一個積極體驗，豐富（Enrich）它的內涵，把它吸收（Absorb）到體內，將積極體驗和消極體驗綜合（Link）起來，使積極影響抵消甚至取代消極影響。把這四

個步驟的單詞首字母連起來,就是「自我療癒」(HEAL)。這是我試過的耗時最短、難度最低、最易堅持的方法。

生活中的一道美食、一縷清風、一股花香,都可以讓你駐足停留,集中注意力,打開五感,把好的體驗維持得更久一點。這樣日積月累,會使大腦神經得到持續的刺激,我實際上是把幸福種進了大腦裡,把積極的精神狀態轉化成了積極的神經回路。積極發現好消息,努力將其變成好感受,刻意練習,內化積極感受,把大腦硬體升級成低內耗模式——我們一起行動起來吧!

2‧低內耗的人,懂得將內耗量化

有一天剛上班,我拿著水壺從茶水間接完水回辦公室。在走廊上,我遇到了主管,他說正好想要跟我溝通業務工作。於是我說水壺太重了,等我把水壺放回去馬上去找他。

臨近下班,我去清洗空水壺,在走廊上遇到一位同事。她跟我聊了十分鐘,因為水壺不重,我就邊提著水壺邊跟她聊天,但我漸漸感到手腕開始痠起來。

戲劇性的對比給了我一個啟示:水壺很重時,我會趕緊放下,所以手腕不會有任何不適;而水壺很輕時,我就一直提著,最後使自己很累。量化內耗,除了考慮內耗程度,還

得考慮持續時間。

在職場綜藝節目《躍上高階職場》裡，有一集討論到工作壓力大時我們該如何排解。嘉賓楊天真介紹了自己的「祥林嫂自癒法」：看不慣誰，就一直吐槽；說久後，發現沒勁；說累了，翻篇吧。

有段時間，我總為一件破事胡思亂想。後來我對自己說：「好，我今天跟你拚了！」於是我要麼選擇寫下來，給自己安排作業，把這件破事寫整整十頁。寫著寫著，我就開始寫車軲轆話（重複、絮叨的話），寫到第三頁，手指就開始發緊，然後覺得好累，索性就不寫了。要麼我會找人聊天，如果找不到人的話，就用較大音量跟智慧音箱或手機助理聊，自言自語也可以。等唾沫橫飛地講二十分鐘，我就會覺得口乾舌燥，心想：「還是放下輕鬆。」

我這個人一旦遇到內耗，就會像海綿一樣，一點一滴地吸收著，直到不堪重負。其實，與其任由自己優柔寡斷，不如選擇速戰速決——加速到「臨界值」，你會發現，內耗瞬間塌縮了。

3・低內耗的人，少活一些「形容詞」，多活一些「動詞」

當內耗來敲門時，它就是在告訴你，你該為了具體的事

情行動起來，愈具體愈好——愛具體的人，做具體的事，解決具體的問題……你若只停在想的層面，引發的焦慮就會增加自己的內耗；若上升到做的層面，你就會慢慢平靜下來。

有段時間，我進入了寫作的瓶頸期，雜念太多，文章寫不出、寫不完、寫不好。直到我看到日本設計師祖父江慎的一句話：「創作時不要考慮品味，先把腦海中出現的自我評價放一放，創作時最重要的是無須過分擔心。」我照此去做，最終透過行動得出結論：行動起來，好過胡思亂想。我就是去做，不擔心結果。

某部電視劇中有這樣一句臺詞：「做人要開心。」與其說我們要做一個開心的人，不如行動起來讓自己開心。所以，我更喜歡把「開心」看作動詞，而不是形容詞。

停止內耗是不可能的，但我們可以把內耗降低。

以上就是我從想根除內耗到與內耗和平共處的一些體會。

「搞錢」不如「搞狀態」

　　一位讀者在年初時聯繫我，說她在等我發布新一年的時間管理表、精力管理表、讀書計畫、待辦清單……還說我要是再不寫，第一季度就過去了。

　　可是當時我正在研究狀態管理，因為我感覺自己已經進入了比時間管理、精力管理、財務管理更重要的狀態管理階段。

　　我覺得，一個人只要狀態好起來，無論遇到什麼困難，都可以兵來將擋，水來土掩；可是一旦狀態差起來，就會事也不想做、覺也不想睡、孩子也不想帶、人也不想理、床也不想起、飯也不想做（甚至不想吃）。更嚴重的結果，就是話不能好好說，總是好心辦成壞事，然後深陷自我懷疑，再眼看著自己的懷疑得到驗證，最後進入狀態愈來愈差的惡性循環中。

　　現階段我最愛聽的誇獎的話，就是「你今天狀態真好」。這句話背後的潛臺詞是：「你外表打理得不錯，情緒調整得

很好；老公沒惹事，小孩不鬧騰，長輩都挺好；工作穩中有進，生活自得其樂。」所以，「你今天狀態真好」這句稱讚話，簡直是對我的全方位肯定。

❀　　　❀　　　❀

有時候我認為，「搞錢」不如「搞狀態」。一個人有了好狀態，才有希望獲得真正的財富。所謂狀態管理，核心就是讓好狀態得以延續，差狀態得以扭轉。

1・狀態第一

有一次，我計畫和同事討論一個項目的提案。因為此事非常重要，所以我頭一天夜裡失眠了。第二天，為了在路上再好好梳理一遍思路，我選擇叫車去上班，可沒想到司機一路開得飛快，剎車也很急，到公司後我心跳加速、四肢冰冷、臉色煞白，連參加會議都困難。

有時候人們會把所謂的要事當執念，但別忘了，一個人如果狀態不佳，往往就什麼事情也做不了。人不是程式，不是寫了待辦清單就能逐一執行，不是資料擺在眼前就能自動入眼入腦，不是發誓好好陪孩子就能說到做到。

史蒂芬‧柯維總結了高效率能人士的七個習慣，其中之一是「要事第一」。但我要說，請別忽略了前提條件，那就是得先有個好的狀態。成年人常說的「等我忙完再說」，其實是「等我狀態好了再說」。人的狀態好不好，對做事的效率、溝通的效果、產出的結果有著極大的影響。

　　我的經驗告訴我，一個人要想擁有好的狀態，除了使自己擁有一個穩定的心態，還應該注意個人素質和外在形象。我將其提煉為下面八個字：

　　個人素質：閱，讀，說，想。

　　外在形象：髮，膚，眼，體。

個人素質。

　　「閱」是閱讀。我們平時多讀書，瞭解不同領域的知識。對於生活中的不同意見，我們先別習慣性反駁。儲備的多元化觀點，總有一種能開導自己，讓自己能夠平靜和自洽。

　　「讀」是朗讀。我們可以朗讀精選詩歌、好文或新聞，張大嘴巴，調動情感，避免整天說話無精打采、含糊不清。

　　「說」是表達。我們可以利用碎片化的時間練習表達自己的一個小觀點，描述一件小趣事，或跟自己聊聊心事。比如，假裝自己是記者、主播或自己的心理諮詢師，讓嘴巴追

上思維。

「想」是冥想。我們可以在碎片化時間做迷你冥想，將意識聚焦到鼻尖，吸入清涼，呼出溫熱，減少雜念，呼吸三至五次就好，也可以根據個人需要加長冥想的時間。

外在形象。

「髮」是頭髮保養。比如梳頭、按摩頭皮，使用髮膜、護髮精油、生髮液等。

「膚」是皮膚保養。我們如果長痘了，就提醒自己簡單護膚；我們如果過敏了，就要提醒自己敷個修復面膜。

「眼」是眼睛保養。我們在一個小時內至少遠眺一次，也可以在午睡時戴個蒸汽眼罩，還可以做眼部保健操，或多看看戶外的風景，使用眼貼緩解眼疲勞等。

「體」是身體保養。我們可以透過貼牆站五分鐘鍛鍊體態，也可以泡泡腳、做八段錦或其他運動。

我把這八個字牢記心中，根據時間和精力挑選一部分事情穿插在一天中去完成，有空就做，沒空也不強求。

一個人感到累了，就意味著自己的狀態要變差了，需要調整自己。吃不下和睡不著是狀態的「黃牌」，此時你要考慮自己是否要休息；無緣無故地哭是「紅牌」，此時你要馬上轉移注意力，讓自己休息。

2・凡事專心

　　很多厲害的人常說自己進入「心流狀態」時有多高級、多美好。我也體會過,但現在愈來愈沒有這個條件了——在公司,同事經常打斷我;在家裡,女兒頻繁呼喚我。在專注於某件事總是被打斷時,人很難進入「心流狀態」。

　　我愈來愈意識到,分心讓我傷精費神,專心則讓我凝神聚氣。吃飯、陪孩子、走路、如廁、工作、休息,我力求每個時間段專心做一件事。這是我從今年年初就努力訓練自己的內容,畢竟上廁所時不看書挺難,吃飯時不看手機也難。但我相信,我只要專心做事,就會打開新世界的大門。

　　做正事,我用「番茄工作法」+「iOIF 法」(Small input 少量輸入,Output 輸出,Input 輸入,Feedback 回饋)。

　　「番茄工作法」要求我們每專注二十五分鐘,就要休息三分鐘。

　　專注時,「iOIF 法」是:先獲取基礎的知識和資訊,然後馬上行動;如果發現不足,就繼續獲取必要的知識和資訊,最後檢查全過程。

　　休息時,你可以遠眺、伸展、喝水。你如果還不累,就稍作休息,避免讓精力大漲大跌,有利於維持穩定的狀態。

三四輪「番茄時間」後，休息二十至三十分鐘。

專心做事很難，卻很有意義。喝酒、吃飯、讀書、戀愛的經歷很多人都有，但專心品味當下和一心多用囫圇吞棗，兩種不同狀態沉澱下來的洞察力全然不同。

專心休息好像更難。有人向英國作家尼爾·蓋曼請教「該如何成為一名作家」，他回答：「做點無聊的事。」無聊時，大腦不再對外部世界產生反應，會聽從自己內心的感受。所以，我們把自己調成「飛航模式」吧。有時候我們要學會無聊，無聊也許就是我們在某一刻能做的最有成效的事情。

3·自我接納

我的青梅竹馬前段時間做試管嬰兒，完成取卵後，她養了七年的小狗出了車禍。那段時間她狀態差到睡不著，總是想哭。她婆婆好說歹說，想讓她好起來。她也知道自己現在處於關鍵時期，但愈逼自己，自己的狀態就愈差。她對我傾訴時，我安慰她道：「你就接納自己狀態差的樣子吧。」

我曾在一本心理學書上看到：一個人如果一邊做著各種接納自己的事，給自己放假，讓自己休息；一邊給自己設限，要求自己在規定的時間內好起來，就不是真正的自

我接納。

除了自我接納，我們還要學會自我關懷。一位心理學家說：「當我們面對困難時，問問自己是怎麼扛過來的？」你已經在用自己能想到的方式悄悄度過難關，應更溫柔地對待已經盡力了的自己。當我們擁有了自我關懷的力量，在平和的心態下，我們就可以更清晰地看到自己手頭的資源。

狀態好時，我們要用歡聲笑語來延續自己的狀態。

狀態不好時，我們要為自己建立防火牆，暫時遠離狀態不好的人，遠離「毒舌」、脾氣差、打壓你的人。你一旦被他們刺激，就會使狀態愈來愈差。

狀態不好時，我們要試著去扭轉，去調整，去接納。

時間管理適合學生時代和打工時代的我，因為那時候的日子每天大同小異，有慣性，意外因素較少，便於自我安排。

精力管理適合走上寫作之路的我，它讓我可以瞭解自己的精力曲線，把精力旺盛的時段調撥給權重高的任務。

對我而言，時間管理和精力管理可謂功不可沒，但當我進入工作—寫作—帶孩子的階段，它們就愈來愈不適用。我

上有老、下有小，生活瑣事暴增，突發事件不斷，經常是有時間時沒精力，有精力時沒時間。這時候的我很難集中精神，進入不了做事的狀態，看電子書時眼睛會持久地停在某一處，這其實是「狀態」在呼救。

對於狀態管理，我們應順勢而為，對意外事件留有彈性準備，減少給自己設置的條條框框；更應以「人」為本，不要只盯著產出和效率，要學會關心自己的情緒，學著不帶內疚地休息——選擇一個時段，暫時什麼都不要在乎，允許一切發生。

狀態好了，我縱情揮灑；狀態不好，我蓄勢待發。

怎樣做一個內核穩定的人

　　我看完電影《封神第一部：朝歌風雲》後深感困惑：影片裡的皇子和人質們的內核也太不穩定了吧？！他們竟然那麼容易就被紂王洗腦。紂王讓人質們弒父，他們就弒父；紂王讓他們自殺，他們就自殺。而皇子明知紂王殺了自己的母親姜王后，還能為紂王辯解，說紂王只是被蘇妲己迷惑了。

　　餘興未消，我又看了講述電影拍攝過程的紀錄片《封神之路》。我從片中得知，這部電影從籌備到開拍歷時十年，三部戲連拍，難度空前，投資巨大，所有團隊人員無一不帶著壓力工作。尤其是導演，全程參與劇本創作、演員培訓、服裝化妝、道具設計、數位角色調度等環節，每個環節都是一場難打的「持久戰」。

　　我擅自代入一下，就感覺自己馬上要頭變禿、臉冒痘。但烏爾善導演看上去心寬體胖，氣色紅潤；講話不疾不徐，條理清晰；和人交流心平氣和，工作有效推進。在十年的週期裡他能始終保持明確目標，在事無巨細中他依然能保持情

緒穩定。

我驚歎，這個人的內核也太穩定了吧！

《封神第一部：朝歌風雲》講述的是三千多年前的神話故事，而《封神之路》則是對電影拍攝過程的記錄。對很多人來說，它們都是遠方的故事，與自己無關。但是對我來說，我忍不住思考：作為當代女性，我們怎樣才能完成自己的「封神之路」呢？

這部電影和紀錄片給了我一個很好的答案，那就是我們要讓自己保持內核穩定。

我們可以想像一下自己內核穩定的狀態：在家裡，我們的情緒不輕易受老公和小孩的影響；在公司裡，我們不輕易被主管和同事傳導壓力；在社會上，我們不輕易被各種負面資訊困擾……我們開始變得愈來愈瞭解自己，慢慢告別易被帶偏的「體質」，減少易被干擾的「波段」，做事有目標、有計畫，腳踏實地，該專注就專注，要放鬆就能放鬆。

作家馮唐說過，每個厲害的人都要有一個篤定的「核」，

這樣在宇宙間才不易被風吹散。

那麼問題來了：我們怎樣做才能成為一個內核穩定的人呢？

1．思想別輕易被帶偏

在電影《封神第一部：朝歌風雲》裡，為了防止四大諸侯造反，四大諸侯的兒子作為人質，被紂王強行養在身邊。紂王向他們灌輸自己的價值觀，久而久之，人質們對紂王言聽計從，認賊作父。

強勢的紂王，對別人實行精神控制的「段位」很高：給人一個巴掌，又給人一個甜棗；一邊打壓你，一邊需要你；一邊關心你，一邊放狠話。兒子和人質，基本被紂王洗腦，蒙蔽了雙眼，無條件服從紂王，甚至還為紂王的惡行開脫。

直到西伯侯姬昌對兒子姬發說：「你是誰的兒子不重要；你是誰，才重要。」這話讓作為人質的姬發認清了自己，也看清了真相。

旁觀者一眼就看出，紂王把人質當槍使，但當局者就是被迷到甘願當槍使，紂王指哪裡他就打哪裡。

回到現實中，我有時也會忘掉「你是誰，才重要」的人生信條。我們在與強勢的人相處時，最容易迷失自我。我對

此深有體會。在工作或生活中與人相處時，強勢的人，重則牽著我的鼻子走，輕則「接管」我的情緒。

我花了很長時間，淺淺學會了一些與強勢之人的相處之道。

和他們相處，你可能覺得出於個人需要，也有顧全大局的考量。但他們如果只說不聽，抬高自己貶低別人，會讓人有不適感和莫名其妙的負罪感。久而久之，我們就會過得被動、壓抑，產生強烈的內耗。

我們可以訓練自己識別關係中對強勢者的敏感度，若不得不接觸對方，也不要奢望和對方平等相處，盡量以「短平快」的方式完成合作，並把合作過程中產生的負面情緒及時消解。

最近我在看美劇《婚姻生活》。這部劇開場是一個學者找到一對夫妻做「性別對婚姻的影響」的學術採訪。當那位學者問到他們各自的戀愛史時，妻子針對這個問題與研究主題的關係表達了質疑。

當時我簡直想按下暫停鍵對這位妻子表達一下我對她的崇拜，因為她不會動不動就卸下心防，對任何人掏心掏肺。

強勢的人威逼利誘也好，社會文化的潛在影響也罷，我們要有識別「不對勁」的敏感，還要有批判性的思維，一旦遇到問題就三問自己「你是誰？」「從哪來？」「到哪

去？」。總之，我們不要輕易被人帶偏。

2·做事別偏離主線

看完紀錄片《封神之路》，我的觀後感可以濃縮為三個字：血壓高。

劇本討論會上，大家從一百回的明朝章回體小說《封神演義》裡篩選，並提取出一個適合電影的故事。這個故事需要是長敘事，有史詩感；需要是英雄成長故事，有戲劇張力；需要熱血，又要有趣。

演員是從新人中海選出來的，透過選拔後再接受培訓。為了練出一身腱子肉，他們每天五點起床練習馬術、格鬥、射箭等運動項目，此外還要學習古詩詞。而飾演妲己的演員還要去動物園裡觀察狐狸，學習狐狸的動作和神態。

在服裝造型方面，從布料到材質，從紋路到與人物性格的匹配度，導演和美術指導碰了又碰，核對了又核對。

數位角色的設計和調度也是一種挑戰，比如雷震子的起飛方式，就需要三百六十度全方位測試。

分鏡討論更是讓我大開眼界，有些畫面先用動畫來預覽和調整，有些戰爭戲甚至需要十二個不同部門共同完成一個鏡頭。

導演真是不簡單！大腦裡既要明白影片想要的效果，又要清楚總體的目標，還要兼顧商業價值和藝術價值，哪怕是演員的指導、數位角色的設計、國內外工作人員的協調……他都要親力親為。他把對這部電影的所有願景和目標，平攤到十年裡每一天要做的事情中，從不偏離。

「做事」是一個人的「內核固定器」。當一個人處在認真做事，完成任務的過程中時，他就像一個被支架穩固支撐著的人，不會輕易被風吹倒。

目標有長期目標，也有短期目標；計畫有長期計畫，也有短期計畫；執行的時候一小步一小步地來，做好了就保持，沒做好就調整——這樣的人，內核穩，工作順，人自信。

3·別允許自己被輕易透支

「豆瓣」上有個帖子，發帖的人說他曾去探班《封神第一部：朝歌風雲》劇組，覺得這個劇組最厲害的地方，就是有週末休息時間。很多影視劇組，「007」是常態，管理水準不高，要麼準備不足，要麼過度準備，沒有清晰的規劃，沒有理智的預判，計畫永遠趕不上變化。

而《封神第一部：朝歌風雲》劇組更像一個管理非常現代化的企業。他們不說出工，而說上班，並且有清晰的時間

規劃。

「內核」一詞，常讓我想起自己請私人教練進行產後鍛鍊的經歷。教練在我上課的一個小時內，一個勁地對我強調身體核心肌群的重要性，讓我配合呼吸，一下收緊，一下放鬆，持續做收放練習，做完後要保持上犬式，放鬆核心。我好像沒做幅度大的訓練動作，但第二天感覺腰腹和腿都特痠。一段時間後，我覺得身體在往裡收，整個人都穩了。

一個人心態沉著、情緒穩定、情商「線上」、做事漂亮，歸根結柢是靠自己的身體完成的。缺乏放鬆，又長期被剋扣休息時間的軀體，將會不堪一擊，談何穩定？

人愈成熟，愈會意識到內核穩定的重要性。

內核穩定的人，不會像調洗澡水那樣，左一分嫌冷，右一分嫌燙；也不會像調音量那樣，要麼上滑到最大，要麼下滑到靜音。

我們只要內核穩定，就不會輕易被吹散。

做人可以很「直接」

近期去做按摩時我經歷了一場消費「PUA」（網路用語，可理解為「套路」）。

那天，我剛一躺下等待腿部按摩，就聽技師開啟「話術」推銷充值活動：「你的卡只剩三次了，趁著『520』的優惠活動，再加個療程吧。你把身體料理好，也會使雙腿更苗條。」

而我的心裡話卻是：「怎麼還有三次，猴年馬月我才能用完啊！」這張會員卡是我在幾年前辦的，一共能做按摩十次，至今還剩三次，說明我真心不喜歡到這家店按摩。

每次做按摩時，我都得經歷技師們對我的「戰略性挑剔」——這不夠健康，那不夠精緻；這有毒，那有火；這有寒，那有濕……我很好奇：在他們店能看到健康人嗎？辦完卡我就能變得健康精緻了？

一個人就算肝火旺、有濕氣，想必也不是透過按摩就能解決的。對於按摩，我只求放鬆身體和精神，緩解疲勞，不

奢望解決實質性問題。

　　技師把我的冷漠態度「翻譯」成了猶豫，於是她叫來銷售經理助陣：「女人要對自己好，當媽媽的人要懂得疼自己，人老先老腿……」聽得我異常煩躁。

　　如果換作以前的我，不管是因為對對方的服務不滿，還是因為自己心中早已另有他選，總會顧及對方的感受，思來想去怎麼拒絕對方才會對他們傷害最小。可是那天我選擇直說：「好不容易有時間來做按摩，我只想安安靜靜地享受。如果我感到舒服、放鬆、有效，按摩結束後我會詢問活動的事。現在我想把卡中次數用完後再說。」

　　沒想到聽我說完後他們果然安靜了。這次，我只顧無憂無慮地享受著按摩的舒適。按摩結束後，我雙腿浮腫減輕，內心的糾結感也減少了。

　　我對自己說：「你是好樣的！今天又是身材苗條、『神經大條』的一天。」

　　這幾年，我的人生座右銘裡又新增了這樣一句話：我要身材苗條、「神經大條」。

　　保持身材苗條，不是服「美役」，不是取悅誰，更不是

柔弱到要激起異性的保護欲，而是努力追求勻稱緊實又體力充沛的身體；適當「神經大條」，不是低情商，不是粗線條，更不是故意揣著明白裝糊塗，而是拒絕被別人操縱情緒。

二十多歲時，我經常追求身材苗條，因為不想在花一樣的年紀，把自己活成一株「多肉植物」。

三十歲以後，我更嚮往「神經大條」，因為別人會有意無意傷及自己，自己更要減少自戕。

我讀過日本作家木村英一寫的《我就是神經大條，謝謝！》，當時還做了讀書筆記，現在回看當時摘錄的好句子，依然覺得「扎心」。

「其他人並不會特別生氣的事情，只有自己會特別憤怒；其他人並不覺得感動的事情，只有自己特別感動；有人做錯了事情，其他人沒有什麼反應，自己在心裡會責備對方。」

他說的就是我。我偶爾會痛心疾首：「只有我這麼敏感嗎？」

「在與家人朋友間的交流中，一對一的交流形式壓倒性地占多數，商量對象通常能夠很快給予回覆。但如果是在商業場合下，如果像一對一交流時那樣期待對方的回應，很容易產生覺得對方回應太遲、回應不夠好的不安和不滿。」

他說的就是我。在對方沒及時回覆消息期間，我的內心

小劇場異常熱鬧。

「常常無法忍受他人的作風，因為他人的作風和自己不同而感到憤怒。事實上，並不是我的作風是正確的，其他人的作風是錯誤的。如果無法認同他人的作風，那麼無法認同的那一方，每天會過得非常不愉快。」

他說的還是我。我好想搓搓阿拉丁神燈，然後說：「如果我的身材能像神經一樣纖細，而神經能像身材一樣粗壯就好了。」

我成長於南方，和身邊的很多南方女孩一樣，情緒內斂，說話之前考量太多；來到北方後，我發現北方女孩普遍性格爽朗，情緒張揚、直言直語——這可真是南婉約、北豪放。

北方女孩在自己受委屈時，馬上就能把委屈「外包」。北方女孩在聽別人訴苦時，會義憤填膺地說：「你呀，就是太好欺負了，就不能慣他的毛病。」

我剛到北方時，一度被她們的語言風格鎮住。有一次她們看到我和某已婚男同事穿同色系的衣服，隨即發出驚歎：「哎呀媽呀，你倆穿情侶裝。」結果，我自己還沒來得及尷

尬，她們又去逗別人了。

還有一次我感冒了也堅持去上班，以前在南方時，女性同事會說「注意身體」；在北方，女性同事直接說「離我遠一點」。我心裡大呼：「做人可以這麼直接嗎？」

在北方待久了，我已經習慣北方人的性格了。現在，我的神經也終於變得「大條」一點了。

🌹   🌹   🌹

我寫這篇文章時正是五月二十日，又稱「520」，諧音「我愛你」。因此，我想對所有人說：「人吧，一定要先愛自己。」我把以下六條「大條」語錄當作禮物，送給自己也送給你。

1. 不要做壞消息收集器。壞消息壓根收集不完，自己這裡也放不下。

2. 不要為沒見過面的人生氣。科技發達了，多少人足不出戶，就能被千里之外的人氣到半死。生物趨利避害的本能，到自己這裡堅決不能失靈。

3. 不要盲目跟從社會流行觀念，你有你的路要走。

4. 給自己設置一個清晰的目標。不然整天被芝麻大的小事糾纏，足以讓人崩潰。

5. 碰到嘴巴裡埋著「下水道」的人，你的大腦裡一定要安上「強力沖水按鈕」，把他們給你帶來的不快迅速沖走。

6. 再忙，到飯點時，請對自己說「事已至此，先吃飯吧」；再煩，到睡覺時，請對自己說「事已至此，先睡覺吧」。

從今天起，我不會讓「卡路里」輕易闖入我的身體，也不會讓壞情緒輕鬆控制我的心情。我要每天都做一個身材苗條、「神經大條」的成年人。

智慧女人經營婚姻的七條法則

我忙裡偷閒，看了毛利的小說《結婚練習生》，對書裡的幾個角色印象很深刻。

女主角程佩，三十三歲，上海女菁英，綜藝節目的後期總導演。她本是一個單身的獨立女性，面對父母催婚，她一直很淡定，可最後卻因未婚導致上司和客戶拒絕讓她操刀情感類節目。於是，她選擇了和小自己三歲、沒車沒房的外地人馬寧結婚。

馬寧薪水沒她高，見識也沒她廣，用程佩的話說就是：「比三十歲時的我差了點，比現在的我差得遠。」一開始，兩個人的婚姻生活困難重重，但是隨著各自的努力，兩個人真正地為彼此帶去了幸福。

不過，除了程佩的老公馬寧，小說裡其他人的老公都讓人感到窒息。比如全職媽媽馬靜（馬寧的姊姊）的老公，名校畢業，在「大廠」上班，在燕郊買房，被本地人拒絕後選擇了和馬靜結婚。在馬靜生了兩個女兒後，她那一直想要兒

子的老公在工作上很努力，可回到家就「擺爛」，讓馬靜承受著「喪偶式育兒」的痛苦。馬靜真是既當媽又當爹。

再比如天之驕女瀟瀟（程佩的表妹），上海本地女孩，年輕漂亮，家境優渥，有留學背景。她的老公是個「富二代」，看起來各方面都挺好，沒想到婚後卻露出了真面目——賭球、家暴，一樣不落。

看小說時，前半部分看得我懼怕婚姻，後半部分，隨著程佩和馬寧的婚姻「低開高走」，我不禁開始思考一個問題：人如果一定要選擇婚姻，那麼怎麼做才能把婚姻生活過好呢？

小說裡有這樣一句話：「婚姻止於智者。」但對於已婚的我來說，重要的是：智者如何經營婚姻。

❀　　❀　　❀

我結婚快七年了，攢下了七條感悟。它們可能對你有用。

1・要有降序心態

身邊一位女性朋友曾和我分享了她降低對婚姻的預期的想法：「我就當自己是個單親媽媽，帶著兩個孩子找了個男

朋友，也就是我老公。這個男朋友不僅愛我，還愛我的孩子。瞬間我感覺自己好幸福啊。」

另一位媽媽一拍大腿，補充道：「對呀，他還和我分擔房租，出門時還提供司機和保全服務。我真的是太幸福了！」

所以說，對於婚姻，很可能我們期待愈高，失望就愈多；而期待愈低，驚喜也就愈多。

在小說中，程佩在婚前自問：自己會因婚姻而走入一敗塗地的境遇嗎？她的答案是「不會」，因為她「對婚姻沒有任何期待，只有最低水準的觀望態度」。

在婚姻初期，我們先放過自己，也放過別人。

2・旺夫先旺己

小說中的程佩對待工作既專業又高效率，在生活中她嚴以律己，寬以待人，非常優秀。程佩工作上非常努力，關於一個專案的策劃書要寫三份，在一個方案被否定後她可以馬上提供另一個。

她的精力主要用在工作上。很多公司想高薪聘請她，還有搭檔想約她一起創業。

但程佩在老公馬寧的工作方面反射弧^{注1}很長，這反而

可以讓馬寧有更多空間做自己喜歡的事。兩個人互不干擾，共同進步。

3．非內耗溝通

在婚姻中，我發現當我分清怎麼說廢話、講正事和提要求的時候，溝通就會很順暢。

說廢話時，我會關閉腦內的評價按鈕，說著幼稚話、玩笑話，宜放鬆身心，忌上綱上線。

講正事時，我必須拿出職場談判的技巧，把結論、依據、措施都理性地表達，共同做出利於「我們」的決策，讓「婚姻有限公司」蒸蒸日上。

提要求時，我若有訴求就直接說，不搞彎彎繞繞，不能正話反說。

小說中，程佩的老公馬寧有個感悟：「女人好像很少在一開始就提要求，總喜歡把要求放到最後說，當然通常說的時候已經大事不妙了。」

提要求是項技術活，可以加感謝的話，但不要摻雜賣慘、擰巴的成分。

舉個例子，你對老公說：「今天下雨，你來接我吧。」這句話就及格了。你如果再加上「謝謝」、「辛苦了」，就

是加分項。

　　如果你要撐巴一下：「今天下雨，你來接我吧，如果順路的話。」那麼你老公可能真的就會「不順路」。你如果要賣慘一下：「今天下雨，別人都有人來接，就我沒有。」那你老公就算去接你，也會不高興。一個體貼的老公，背後有一個會提要求的老婆。

　　溝通品質決定婚姻品質。

4 · 堅信「老公有用論」

　　程佩沒指望馬寧在事業上有什麼作為，而且她漸漸發現，雖然自己每天很晚回家，但家裡乾淨整潔，散發著日劇裡「小確幸」的氣息。一向對賺錢有著超乎尋常的熱情，但生活品質一塌糊塗的程佩，終於體會到了「外面兵荒馬亂，家裡有碗熱飯」的美好。

　　當下，討論「全職媽媽」的話題有很多，卻很少有討論「全職爸爸」的話題，其實這本身就是問題。對於宏觀難以緩解的問題，我們應該在微觀上行動起來。每個女人的老公都有變成「全職爸爸」的潛力，他們都會做家務、帶孩子。他做菜做得鹹也好，帶孩子犯錯也罷，我們都要誇讚他、鼓勵他。

女人只有堅信「老公有用論」，才會讓老公愈來愈有存在感和成就感。

5・給自己放個假

婚姻中，女性不必總逼著自己變得有用，也不必「擺爛」，而是要尊重自己當下的感受。自己這瓜，長期強扭，肯定不甜。

今天工作太累，你就讓孩子自己監督自己；明天來「大姨媽」，你就讓老公洗碗；父母如果健康無憂，你就放開了讓自己客串半天小女孩。

當你感覺在這個家裡只有自己在付出時，那麼就請你抽時間給自己放個假。

6・睡前讚美一切

每晚臨近睡點，回顧過去的這一天，我們可以問問自己：今天表揚老公沒有？今天讚美孩子沒有？如果沒有，我們就要趕快抓住機會「謝謝老公給我揉了兩下肩膀」，「謝謝孩子見面親了我一口」。小小的舉動，就會把一整天的「收官數據」變得很好看。

家人很可能會因為你的讚美而愉悅地睡著。就算你只是在心裡默默讚美，沒有告知相關的人，也能減少壓力，反芻快樂，減齡又養顏，宜心更怡神。

有這樣一句話：「睡前原諒一切，醒來便是新生。」

而我想說：「睡前讚美一切，婚姻會更美滿。」

7·做個「難嫁風」女孩

「做個『難嫁風』女孩，讀書、旅遊、健身，愛上班還愛花錢。」在網路上看到這樣一句話時，我噗哧一笑，隨即想到或許「好嫁風」女孩容易進入婚姻，但「難嫁風」女孩一定更容易維繫婚姻——所謂「好嫁風」和「難嫁風」，前者意為受異性喜歡的風格，後者則相反。

看似簡單的「婚姻」兩個字，其實包含了若干階段：熱戀期、磨合期、兒媳期、育兒期……不管你有多少階段性支線任務——圍著灶臺轉、圍著老公轉、圍著孩子轉，都請不要忘記圍著自己轉。我們可以讓閱讀滋養精神，讓旅遊鬆弛神經，讓健身強壯體魄……

在家庭關係裡，我們首先要擁有自己的世界，才能和別人互相分享各自的世界，而不是去對方的世界找自己的位置。

在婚姻中，可以成為自己老師的，唯有自己。

以上，就是我這個已婚女人對良好婚姻生活的七點感悟——進入婚姻，變成智者，活得通透，活得幸福。

注1：指反應慢，後知後覺。

生完孩子後，
不做「犧牲式媽媽」

　　我曾經在「知乎」上看到一個問題：為什麼很多女人生完孩子後和生孩子之前相比會判若兩人？我心想：「別說生完孩子後了，就連生孩子之前，我也早已和學生時期的自己不一樣了。」

　　我的一位朋友就是這樣的狀態。她在妊娠第三十八週時，深夜給我傳了則語音訊息：「你還記得坐月子時誰幫你洗衣服嗎？」我知道她對生孩子這件事一直都很焦慮，但沒想到的是，她竟然連這種小事都要擔心，對配偶的信心簡直低到了塵埃裡。

　　上次去看她，我搜羅了五、六本關於產後調理、坐月子飲食、嬰兒護理的書，全部給她帶了去。到了她家，我見她老公在客廳打遊戲，公婆在客房看電視。同他們簡單寒暄了幾句，我就隨她進臥室密聊。看樣子，她已提前過上「只有臥室是家」的生活了。

她說：「我現在對未來充滿恐懼。父母身體不好，我幫不上忙；老公像個『巨嬰』一樣，我根本指望不上；婆婆挑剔強勢，我更是不敢指望。」

提起她老公，她忍著怒氣。孕期她孕吐、反胃、抽筋、恥骨聯合分離，疼得連走路都困難。她老公表現得很疑惑：為什麼別人懷孕都好好的，你懷孕後事這麼多？

那天，我們聊了很多問題，有的是關於孩子出生之前的，諸如選擇公立醫院還是私立醫院，讓不讓老公進產房，順產還是剖腹產，要不要無痛分娩等；有的是關於孩子出生之後的，諸如每天誰來哄孩子睡覺，下半夜和上半夜分別誰來泡牛奶，婆媳矛盾、翁婿矛盾怎麼解決……

我以過來人的身分給了她一些建議。其實，對於生孩子這道大題，我之前自認為做了周全的準備，但還是答得漏洞百出。我剛從生孩子的小坑裡爬出來，馬上又掉入養孩子的大坑。

生孩子選無痛分娩，我沒遭罪，可哺乳期竟然脹奶了；老公對我還算體貼，可公婆就對我一般般；我躲過了產後漏尿，可沒躲過產後痔瘡；腹直肌才剛閤上，腱鞘炎又疼得快

要了我的命……

在家人眼中，孩子就是令人欣慰的天選之子，而自己彷彿就是天之棄女。我們一旦這麼想，就很容易產生巨大的心理落差。

坐完月子，你以為生育任務完成了，其實任務才剛開始。接下來你會面臨自己精力不足，而孩子又太能消耗精力的矛盾。比如我吧，每次換尿布、泡奶粉，給她穿好的衣服被她脫掉，給她扣好的鈕釦被她撕開時，我就會覺得自己像薛西弗斯推石頭一樣在做無用功。

哦，巴爾札克說的「母愛使每位女性降身為奴」，難道就是這個意思嗎？

一位朋友曾對我說，生了孩子，她體會到了各種層次的分離之痛：身體上，從恥骨分離到腹直肌分離；感情上，和老公的情感分離（分床睡了），和公婆的關係分離（連聲爸媽都叫不出來了）。

生完孩子的女人，誰不曾對老公、公婆、爸媽、月嫂、主管等產生過負面情緒呢？

為什麼很多女人生完孩子後和生孩子前會判若兩人？因為生過孩子的人和沒生過孩子的人中間隔著巨大的資訊和感受壁壘。當你親自打破這個壁壘後，你就走向了新的人生階段。

女人生了孩子後，不管在生孩子之前準備得充分與否，都會感覺像原本在飛機上坐得好好的，突然從萬米高空縱身一躍跳了下來。你在自由落體時難免會驚慌失措。但在自由落體過程中你又體會到，自己跳出飛機後會徒手製造降落傘。我就體會過「跳下飛機」的恐懼和無助，也看到過「降落傘」展開的驚喜和美好。

　　如果說女人在生完孩子後會和生孩子之前判若兩人，那麼能不能因為比生孩子之前的自己變得更好了而判若兩人呢？

　　對於這個問題，其實女兒已經給了我答案。只是因為我沉湎於煩心瑣事，所以沒有及時看清。解鈴還須繫鈴人，「繫鈴人」是如何給出答案的呢？

1．身體層面

　　孩子有點磕碰，瘀青一兩天就會消退，起的包半天就能消失。孩子把生活要領做給我們看了：去鍛鍊，去睡覺，吃有營養的東西，天天樂呵呵，身體新陳代謝和創傷癒合能力就會提高。

2・人際層面

經歷了帶孩子的辛苦，你就會明白：自己最多只能當孩子的媽，絕對不能當老公的媽。你連兩三歲的小孩都管不了，就別再有改變大人的執念了。生孩子後，你可能和某些家人的關係會處於繃著的狀態。其實處於繃著的狀態你會很累。處理不好和家人的關係，或許吵架，或許鬧僵，而這些都不是你想要的結果。而孩子會教你撒嬌，教你與人相處之道。

3・精神層面

很多人都說「一孕傻三年」，女人產後的記憶力會下降。但我在坐月子期間甚至產後一兩年，對一些讓我心情不好的人和事卻記憶猶新。其實女兒早已給我做出示範：見我把電視關了，把小玩具拿走了，她可能會哭鬧，但轉念就忘，然後開心地去玩下一個項目。據說孩子三歲前的記憶會消失，那當媽媽的能不能也把不好的記憶全部扔進三歲之前的遺忘區？

4・生活層面

我要學正念，但總不得要領。其實這道題孩子已經給我講過很多遍了。我帶女兒去社區花園玩，路邊一朵花、幾隻螞蟻就能讓她駐足細品，沉浸其中，而我卻因她走走停停速度太慢而氣急敗壞。我的目的地是社區花園，她的目的地是一切美好，她比我境界高。

當我覺得帶孩子好累、哄孩子好苦時，孩子可能也知道給我添麻煩了，所以她帶著靈丹妙藥來找我，癒合我身體上、人際關係上的分離感，幫我減少內耗，參悟人生哲學。因為她想要一個開心的媽媽。

女人生孩子是一個外借自己的過程，當自己被還回來時，一定要驚為天人才行。

真正懂一個女人的，是另一個女人

　　七月，我忙著給剛滿三歲的女兒選幼兒園，每天焦頭爛額。

　　公立幼兒園離家最近，學費七百五十元，伙食費另算，下午四點三十分接孩子，九月入園。此外，家附近還有三所私立幼兒園，費用各不相同，但都可以隨時入園。

　　A 私立幼兒園：學費三千元＋伙食費＋才藝班、校車等附加項目費，最遲下午六點三十分接孩子。B 私立幼兒園：學費四千九百八十元＋伙食費＋活動費＋下午四點三十分後的託管費。C 私立幼兒園：學費四千元＋伙食費，下午五點三十分接孩子。對於到底選擇哪所幼兒園這個難題，我們一家人各執己見，誰也不能說服誰。我家的情況挺複雜，我爸媽一年來我們家住四個月左右，能幫忙帶孩子的時間有限；我老公居家辦公，每天下午六點下班；而我的工作時間是早出早歸。

　　於是我去徵求一位家住隔壁社區的寶媽朋友的建議，她

的兒子大我女兒兩歲。她建議我把公立幼兒園作為備選，先試試 A 園，並隨即給出原因：B 園的活動很多，今天做個手工，明天辦個比賽，一個月七、八千元才行，還特別耗費媽媽精力，不是有錢有閒的全職媽媽千萬別選；C 園雖然聲稱主打 ×× 教育，宣揚以人為本、注重個性化和全面發展的教育理念，但落實得很表面，所以也不能選。

她兒子上過 A 園，下午六點三十分接孩子，當時她給選的是樂高才藝班，每個月加一千元。她每天下班之後還可以稍作調整，再去幼兒園接孩子。

最後，她安慰我：「沒事的，一切都會好的。」

跟她聊完，我通體舒暢，要方案給方案，要寬慰給寬慰。她就像我肚子裡的蛔蟲，懂我隱祕的心事：想要公立的實惠價格，想要私立的接孩子時間；不想從小「雞」孩子[注2]，也不願一路累媽。她的建議不只考慮到孩子，還照顧了我的壓力和痛點。我的小心思不用藏，也無處藏，好幾次聽她講的體己話，我都直拍大腿：「知我者，莫若你！」

果然，懂一個女人的，是另一個女人。

🌹　　　🌹　　　🌹

一個週末，一位女性朋友約我看電影，看完後我們一起

去吃飯，一邊吃烤肉一邊喝酒聊天。幾杯酒下肚，我說起有一天我遇到曾經教過我的瑜伽老師，跟她閒聊了兩句。我和瑜伽老師聊到孩子的學習問題，她說她女兒剛上小學，成績還不錯，又說自己讓孩子在上學之前就做了充足的準備，提前學了一些課程，才不至於入學就傻眼。那天回家吃晚飯時，我在飯桌上轉述這件事，沒想到我老公卻忿忿不平，義正詞嚴地指責超前教育和超量教育。我解釋道：「我還沒決定讓孩子提前學習學校的課程，只是把在外面聽到的訊息告訴你……」

我正和這位女性朋友說著這件事，話還沒說完，她就急不可耐地嚥下食物，高頻率小幅度點著頭說：「對對對，一模一樣，我家那位也這樣。我女兒讀三年級，跳繩只能在一分鐘內跳一百次左右。我經常接孩子，有次聽別的家長說他們家報了個跳繩輔導班，小孩一分鐘能跳一百八十次。我話沒說完，我老公就說我吃飽了撐的，跳繩還要報名。」

我說我們女人只是在分享資訊，男人們卻忽略了我們的擔心和迷茫，急於表達不解、不屑、不滿。我倆言及此處，趕緊碰杯。

我說我老公看我不說話了，也沒再說話。朋友說她和她老公吵了很久，只有他閉嘴才能消停。我倆二度碰杯。

我說其實我希望老公多開口，說些「老婆你辛苦了」、

「老婆今天真好看」、「教育孩子你操心了」⋯⋯我們都是第一次當媽，摸著石頭過河，遇到問題猶豫不決；他們第一次當爸，怎麼那麼從容不迫？我倆三度碰杯。

我倆怒著怒著就平靜了，氣著氣著就大笑了。

懷著一種「且將生活一飲而盡」的豪邁，我們把剩下的啤酒一飲而盡。那天回家後，我心情超好，看老公也順眼，看孩子也可愛。

果然，女人最能開解女人。

那年我坐月子結束後，看了韓劇《產後調理院》，劇中有句臺詞大概是：生完孩子，你才有真正的朋友。我當時還不信，此後三年我卻愈來愈信。

有時和年輕小美女一起聊天，我發現她們在乎的點已與我迥然不同，雙方完全不同頻率。我若把生活的煩惱跟家人談談，會讓煩惱徒增十倍。

商家不懂我──把嬰幼兒用品賣那麼貴幹麼？我們女人賺錢容易嗎？

早教機構不懂我──整那麼多拚爹媽的項目幹麼？我們女人精力很多嗎？

專家不懂我——既要「愛的教育」，又要情緒穩定，我們女人的情緒有人關心嗎？

專家不建議隔代教養，孩子渴望媽媽隨時在身旁，社會教育女人要經濟獨立，老公希望妻子貌美能養家，公婆希望兒媳勤儉持家。

最解壓的，就是那一個個可親可愛的女人。她們可能跟你素昧平生，卻同你在短影片上偶然滑到的一句「別吵了，和老公吵來吵去，也沒吵出你想要的生活」深有共鳴。

她們也可能是你見過一面，回憶起來就注入能量的一幕。有次過地下通道，我女兒下了扶梯就開跑。於是，我就追著她跑。見對面有個媽媽追著她兒子跑，我倆相視一笑，瞬間從感情上完成了從狼狽到戰友的昇華。

我的寫作搭檔是慶哥，她在廣州，我在大連；她有個兒子，我有個女兒。我們除了談寫作，也談生活，很多微妙的情感，一個語氣、一個標點，對方秒懂，足矣。

女同事從洗手間回來，手上塗了厚厚的護手霜。我聞到香氣，問她是不是在家顧小孩不方便塗護手霜，在辦公室加倍塗？她說我太懂她了。

女性在各自看似不同的生活考卷中浸染多年，偶爾碰頭交流，知道身上哪裡肥肉難減，知道娘家和婆家的區別，知道產後難言的隱疾，知道如何讓愛情神話走入現實，也知道

育兒過程中的知易行難，更知道與伴侶相處的各種問題。

🌹　　🌹　　🌹

　　日子不要悶頭過，我們要多交幾個聊得來的朋友。她們是被低估了的「解語花」和體己人，也是你的避難所和開心果。

　　很多人告訴你要多讀書、多跟厲害的人聊天，才能提升自己，卻少有人告訴你有女「搭子」的好處，她們主打精準陪伴，傾訴也好，吐槽也罷；獲取資訊也好，獲取能量也罷，她們會讓你覺得世界很有趣。

　　基於我的經驗，我總結了和我這個階段的朋友們交流的幾個特點。

1．效率第一

　　不管切入點是孩子還是老公，最多三分之一的篇幅過去後，話題基本就會回到我們自己身上：別那麼上火，長痘不好看了；別那麼生氣，身體最重要；吃得苦中苦，方為苦命人；省著點用自己……中間不停交流怎麼保持身心狀態、怎麼利用時間、怎麼解決煩惱……心得與實踐方法齊飛。最

後，她們給你推薦微信名片，發送購物連結，聊完就能把事辦了、把問題解決了，效率比高精尖大企業的會議還高。

2・拒絕煩心

年輕時的我們或許有點愛比較、不想輸的心態，可到了三十多歲，再遇到另一個同齡人，沒人會說自己的人生多好多順，反而會誠實說說自己生活中遇到的問題。本質上，我們都是在關照另一個自己。

家家有本難念的經，我們不是在訴苦，而是不想讓朋友心煩。很多時候，女人都覺得自己一個人就是一支隊伍，而另一個女人會告訴你：「你不是一個人。」就像張愛玲寫的一樣：「因為懂得，所以慈悲。」

3・凡事講重點

女人說話很少搞一些彎彎繞繞，在一起聊個天不容易，講話就要一針見血，看破說破。

當你因為孩子的學習成績而焦慮時，看清的女人會告訴你四個字：學著看開。

當你困擾於夫妻關係、婆媳關係時，看懂的女人會告訴

你四個字：都是這樣。

當你忙得腳不著地，卻還吃力不討好時，看破的女人會告訴你四個字：身體要緊。

注2：網路流行語，意思是父母給孩子打雞血，不停地讓孩子去學習。

別人的評價只是參考，
你不開心就不參考

　　端午假期，我和朋友各自帶著家裡老小到海邊遊玩。我陪著女兒在退潮的海邊趕海，故作興奮地向女兒喊道：「哇，你看小螃蟹！哇，你看小花蛤！」

　　突然，一個大學生模樣的女孩向我問路：「阿姨，怎麼去那邊的礁石區域？」

　　我回答：「不知道。」我不僅不知道路怎麼走，還不知道她為什麼要叫我阿姨。

　　回到海邊天幕下坐著休息，我看到遠處的朋友拽著她女兒向我們走來。她衣冠不整，披頭散髮，鞋子沾著沙石，又纏著海帶，周身散發著一股糟心的「邋遢」味。想必我在剛才那個問路的大學生眼裡也是如此。

　　這還不算什麼，真正戳中我「肺管子注3」的，是我的男同事。男同事正在聊自己的幸福生活，說著週末和太太一起去聽交響樂的事。我真心誠意地感慨道：「你們的生活真好，

不像我們，週末都圍著孩子轉。」

　　男同事說他們本來準備買房，但是最後看房子太多看花眼了，一拖再拖，到現在還沒買。他們相中的一套房子，現在價格已經比當初看房時跌了五分之一，而且現在利率也低了很多。男同事說房價和利率都還能再低，反正不急，感覺自己這兩年「躺著賺了七、八十萬」。我又真心誠意地感慨：「你們時運真好，不像我們，在房價處於高位時接盤。」

　　幾位同事聽後紛紛拿我打趣：「生育率降低時，你生孩子；房價大變天時，你買房。你是懂得找對『時機』的。」要不是被嘲笑的人是我，可能我也會笑。

❀　　❀　　❀

　　如今，我們這些有孩子有貸款的人，該如何挽救這個糟糕的局面呢？

1・減少「接盤俠」心態，讓虧損不再加劇

　　我們要承認自己只是時代洪流下的普通人。對於理財，沒有人能未卜先知，永遠低買高拋；沒有人能一直反人性地只買跌不買漲。我們好不容易節衣縮食，先買小房再換大

房，沒想到擊鼓傳的花到了自己手裡暫時就不傳了；好不容易上了理財課，想學著買基金，讓錢生錢，沒想到「-20%」已經是目前最佳收益。

我們也不要把不順歸因為時運，而把成功歸因給自己。我們一旦把「壞事都被自己趕上了，好事都繞著自己走」的思想鋼印烙在心上，就容易一直走下坡路。

我們過好現在吧，哪怕接盤，也接得開心一點。人生就像茶葉蛋，有裂痕才更入味。我們安慰自己吧，既然房價跌了，就更要在這所房子裡相親相愛，讓房子裡笑聲不斷；既然養孩子很累，就更要珍惜彼此相處的時光，互相給對方力量。我們如果再繼續唉聲歎氣，怨天尤人，只會加劇我們的虧損。

以前看港臺明星的故事時，我經常看到這個人家裡破產，那個人為父還債，估計他們也會崩潰、絕望，但我相信，只要活著，就會有好事發生。

2·過好日常生活，沉浸其中

我們以前都在消費主義中沉浮過。現在，我會自我糾正一些花錢大手大腳的習慣，去做頭皮按摩、眼部撥筋、身體推拿的頻率降低了很多，對於各種瓶瓶罐罐也不再想買就

買。但這並不代表我就不愛自己了。

我現在就是自己隨叫隨到的服務生，定期給自己做指壓穴位、做眼部保健操。眼見我辦卡的瑜伽教室、早教機構關門跑路了，那我就把卡裡沒上的課，轉到公園、社區裡去開心地上、開心地玩！

吃早餐的時候，我會和燒賣親親嘴。陪孩子玩的時候，我會玩到雙腳離地。大自然的美感和設計，可比人工產物偉大多了。

《半山文集》裡有這樣一句話：「人什麼時候開始喜歡上自己的日常生活了，才算是真正生出了人生智慧。」雖然消費降級了，但我們的生活品質不能降低，只不過幸福指數提升的日常更需要才華和智慧。

3‧把自己當大學生養，拼起碎片的自己

除了要把自己當女兒養，我還想把自己當大學生養。

我曾經想過，等到孩子長大一些時，去讀在職研究班。現在看來，對於想做的事，我們未必非要在未來某個時間點才能去做，也未必一定要滿足某個條件才能做。喜歡的事，我們現在就可以去做。

我前幾天讀了一本書，書裡講美國的一位學者寫的一篇

文章引起了很大迴響。但這位學者並不在乎文章引起的迴響，他和伴侶決定專心看書，陪伴彼此。於是，他們跑到加拿大魁北克一個沒有無線網路的鄉下，住在自己的小木屋裡，抱著一籃子書閱讀。我覺得他們真酷，遮罩了外面的紛紛擾擾，沉浸在書海的安靜世界裡。

我現在愈來愈不想聽各種抱怨、吐槽、預測，在煩躁時、喪氣時，我就沉浸在自己虛擬的大學生活裡。有時間我就聽「慕課」（MOOC，大規模開放式線上課程），常常在博雅大學堂和清華通識課的知識課堂中流連忘返。

清華大學的線上課程「社會學的想像力：結構、權力與轉型」，整節課都圍繞鐵達尼號每個船艙的死亡人數展開，從另一側面認識社會階層，讓人聽得意猶未盡。北京大學的線上課程「世界文學名著闡釋與思維空間拓展——以卡夫卡小說為例」，我反覆聽了三、四遍，年少時喜歡卡夫卡，現在卻被塗老師分析的新角度折服。中南財經政法大學的線上課程「文獻檢索案例分析和文獻研究方法」，我愈聽愈有精神。

我覺得大學生活雖然值得懷念，但知識文化生活才是最迷人的。那種對一種內容的鑽研、賞析、梳理，讓人豁然開朗，更給人以深愛世界的力量，就好像讓人從滿地六便士的現實看到皎潔的月亮。

4・建立自己的「避難所」，與懂你的人為友

每個人的「避難所」不同，有的是自己的愛好，有的是自己的事業，有的是孩子，有的是知己。我不覺得家庭和事業是我的「避難所」，畢竟家庭和事業中有很多困難。

我現在覺得，跟我人生階段差不多的朋友，就是我的「避難所」。只需要一個眼神、一聲歎息，她們就能明白我心中的苦楚。

得知我有說不出口的委屈，她們可能不知道具體情況，但她們懂我，能夠與我共情。她們更懂生活是多麼雜亂的一地雞毛，所以能瞬間理解我、耐心安慰我。她們真的太溫暖、太給力了。

女人當了媽媽後，每天面對的生活都可能是「大拆大建」的，十分耗費心力。所以，我們即便只是為了將來的自己過得更好，也請別忘了關愛此時此刻的自己。這幾天，我看到一位廣告人「八月」的文案，特別喜歡，便把它保存在心裡：

「你是他的老婆，但你不是他的。」

「你是他們的媽媽，但你不是他們的。」

「你是他們的孩子，但你不是他們的。」

「在這個世界上，你不屬於誰。」

我屬於我自己，我要多為自己操心。

_____

注3：比喻說中心病。

第 四 章

所有橫空出世，都是
「蓄謀已久」

當你做一件事時，你可以在做完後做個小結，就
像把一個充氣的袋子打個結。下次再做這件事
時，儘管發現無法避免袋子漏氣，但你可以從袋
子中汲取上次做這件事時的經驗——它會成為你
向上的臺階。

一個女人「向上走」，要做對哪些事

有段時間，我給自己定了一個小目標：定期找曾經的好朋友們聊聊天。

《神隱少女》裡的臺詞說得很浪漫：「人生就是一列開往墳墓的列車，路途上會有很多站，很難有人可以自始至終陪著你走完。當陪你的人要下車時，即使不捨也該心存感激，然後揮手道別。」

想到我曾歷經的一段段友情隨著時間、距離、境遇而變淡，我深感可惜。我們如果不經常與朋友聯繫，總是各忙各的，總怕打擾對方，那麼下次見面或聊天的前半程，需要補充解釋的資訊就太多了。雙方的人生不再同頻，更會降低彼此約見的欲望。

於是，我就這週和深圳的老同事打電話聊聊，下週和高中的老同學視訊通話聊聊……

我發現，每當我狀態萎靡、心情淤塞時，就會特別想和那些「向上走」的朋友聊天，聽聽她們各自生活上的煩惱與

困惑、進展與突破。每次聊天結束後，我就會豁然開朗，而且受益匪淺。

「向上走」不是狹義的升職加薪、地位攀升、資產優化，而是物質層面和精神層面雙重提升後，給我帶來的內心自由度和延展度的提升。可能我解釋得有點抽象，其實就是哪怕隔著螢幕我都能感受到對方身上那股神采飛揚、熱氣騰騰的向上之氣。

🌹　　　🌹　　　🌹

我試著從幾個常常給我「向上走」之感的朋友中提取一些共同點，幫自己提升。

1．女人「向上走」，需要「歸零感」

有段時間，負能量總是見縫插針地進入我的心裡，而且愈積愈多，多到讓我感覺自己快要爆炸了。我不知道自己心裡的喪氣話該找誰講，心裡的苦水又該倒給誰。

找老公？那段時間有獵人頭來挖他，他也正在為工作的事而糾結，十分煩心。找我媽？我擔心自己的煩惱被她放大數倍地接過去，反倒影響了她的睡眠和身體健康。

成年人上有老、下有小，任何事都得自己消化，再給他人信心和依靠。可有段時間我真的覺得自己「消化不良」了。

　　我想到自己曾經看過的書，號稱美國的「創作教母」茱莉亞・卡麥隆推薦過一個喚醒創作力的工具，叫「晨間筆記」。我之前就知道這個工具，但一直沒用過。

　　那段時間我被煩得連寫作都難以堅持下去，於是我覺得是時候做「晨間筆記」了。我的初衷確實是想保持自己寫作的激情，但沒想到還有意外之喜——我發現晨間筆記對情緒調理很有幫助。

　　晨間筆記就是寫滿三張紙，讓它成為你的大腦排汙管。你可以在紙上隨手記下腦中想到的東西，無論事情多瑣碎，多無聊，多愚蠢，多怪異。你只要堅持每天寫三頁，將憤怒、抱怨、瑣碎的事「倒」在紙上，就會減少「阻礙你與創造力聯通的誘因」，更能減少阻礙你和好心情聯通的頑石。

　　當你滿腔負面情緒時，寫晨間筆記也好，寫午間日記也罷，寫睡前日記也行，都可以有效幫你把大腦裡那些隨時降落的想法誠實地記錄下來。你不必自我否定，不要道德審判，而是誠實地寫三頁，把負面情緒在紙上一頓傾瀉。寫完後，你的心情就會暢快很多——彷彿獲得了消除計算機上一

長串數字之後歸零的清爽，感覺終於有了信心和勇氣面對生活中一連串的問題。

我曾多次提到寫日記的好處。寫日記能幫助我們在日常生活中增強自我覺察力，對待工作也能更加得心應手，甚至可以在感情「觸礁」後，更快地從情傷中修復自己，幫助我們在鬱悶、焦慮時卸載壓力。

別看我們現代人平時兩點一線地生活著，似乎有些單調，其實心裡一天到晚輪番上演「地震」、「海嘯」、「山體滑坡」等「自然災害」。

我們需要能讓情緒維持穩定的工具。我試過冥想、正念、頌缽療癒、詩歌療癒、戲劇療癒等方法，平時還可以，一旦心裡悶得慌時，大腦裡全是雜念，根本靜不下心來。綜合來看，還是寫日記更見效，因為寫下即放下。

2・女人「向上走」，需要「故事感」

有段時間，我專心研究故事的寫法。我將好的故事模式引入生活，覺得很受用。

一個好故事，可能是主角在日復一日中有秩序地生活著，處於一種穩定的、不想改變的狀態。突然，生活出了個

意外，撕開了故事的封口。在故事之門打開後，一股強烈的、難以抵抗的命運之力，生拉硬拽地把主角拉進門，讓她脫離舒適區。

作者絕對不會心慈手軟，而是有節奏地給她製造困難，創造衝突，把她置於最大的生活壓力之下，錘鍊她的意志，讓她加速強大。所以，當主角從另一扇門出來時，她已經不再是之前的她，而是比之前好上無數倍的她。

3・女人「向上走」，需要「甜寵感」

女人不要給自己買便宜貨，卻在男裝精品店給男友挑襯衫；不要自己應付吃幾口，卻給孩子買進口食品；不要犧牲自己去感動別人，把情緒遙控器交給別人；不要在精神壓力即將超載的時候，還強忍著不和對方溝通。

每天抽出一點時間，我們要運用自己喜歡的方式和自己對話，學會關心自己勝過關心別人。我們可以問問自己，今天有沒有好好吃飯，好好運動，好好休息。我們還可以打開冥想中的身體掃描引導，關注身體的「零件」，讓自己安靜下來，從頭到腳仔細地感受自己的器官和身體部位。我們常把它們當成工具一樣使用，因此使用完之後更要悉心呵護。

對自己細微變化的捕捉和及時調整的能力，就是力所能

及的「自我甜寵」。

4．女人「向上走」，需要「天真感」

一個人表現霸氣最易，保持稚氣最難。有次我心煩意亂時，打開汪曾祺的書，看的是書中他回憶老師沈從文的部分。

他說沈先生「不長於講課，而善於談天」：他談徐志摩上課帶了一個很大的煙臺蘋果；談梁思成在一座塔上測繪內部結構，差一點從塔上掉下來；談林徽因發著高燒，還躺在客廳裡和客人談文藝……

他還說沈先生談及的這些人有兩個共同特點：「一是都對工作、對學問的熱愛到了痴迷的程度；二是為人天真到像一個孩子，對生活充滿興趣，不管在什麼環境下永遠都不消沉沮喪，無機心，少俗慮。」我想，對於一個成年人來說，保持天真真的是既艱難又必要的任務。

總而言之，我們可以將以上幾點歸納為一個公式：歸零感＋故事感＋甜寵感＋天真感＝向上走。願我們的二十九歲比二十歲好，三十九歲比三十歲好，四十九歲比四十歲好……

女人必須學會的十個賺錢思維

我偶然隨朋友去參觀了一家私人訂做高級西裝企業的生產線。這家公司的客戶主要來自歐美，除了 NBA（美國職業籃球聯賽）球星、高爾夫球員、脫口秀演員、經濟論壇名人，還有特殊體育人士、時尚人士和商務人士。

參觀的時候，我發現有件西服外套的右手臂衣袖比左手臂衣袖長了三釐米，因為這套西裝的主人是位職業高爾夫球員；有件西裝外套的前衣襟比後衣襟長了一小截，因為其主人長期需要保持昂頭挺胸的姿勢；還有些西裝外套會在靠近胸口的位置用手繡上對西服的主人有特殊意義的符號、數字、婚禮誓言等。而有些西服套裝，客戶會把面料和裡布從國外寄過來——那些裡布著實讓我開眼。有的客戶把多張記錄家庭溫馨時刻的照片印在裡布上，比如孩子出生時、家人生日時、全家外出度假時等等；有的客戶把代表人生里程碑的照片印在裡布上，比如畢業照片、領獎照片、上臺演講照片等。據說這是他們的好運戰袍。

我不由得感慨：有錢人真會穿。

看了一千多套高級訂做西裝後，我發現有錢人別具一格的穿著背後，是其異於常人的思維。

主持人蔡康永說：「如果羨慕成功者的富貴，請別一味模仿他們富貴後的事……要模仿，就模仿他們富貴前的事，他們那些鷹般的探察，蛇般的專注，螞蟻般的搜括，蛹般的耐心……」

有錢人賺錢的技能可能不同，但有錢人的以下十種思維方式或許是相似的。

1・槓桿思維

矽谷著名投資人納瓦爾總結過，賺錢有三種槓桿：第一種是勞動力槓桿，指使別人為你打工，這需要你精通管理；第二種是資本槓桿，指用錢來擴大決策的影響力，這需要有人為你投資；而第三種是「複製邊際成本為零的產品」，比如程式、媒體、寫作、專利等，不需要他人為你打工，也不需要他人給你投資，你就可以把勞動成果放大成百上千倍——這是新貴們常用的槓桿。

我去參觀的這家服裝公司的客戶之一是比爾・蓋茲，他就是靠寫程式發跡的。如今很多「自媒體」人先透過提供免

費又有價值的文章或服務，再連結各種資源，從中獲益頗豐。

絕大多數人的第一桶金都來自打工，但單純地為他人打工就是拿時間賺錢，這不屬於槓桿。一個人靠出租自己的時間賺錢是很難致富的。

人們靠打工致富的方式大多可分為兩種。一種是在一個領域學精學深後，充分利用勞動力槓桿。我所參觀的這家服裝公司就培養了很多經商人才，他們後來紛紛創業成功。這群人既懂產品構建也懂產品行銷，所以才能在細分市場或產業上下游分到一杯羹。另一種是在打工過程中磨鍊技能，然後靠「複製邊際成本為零」的圖文、音頻、影片等形式，分享技能、生活或愛好，讓資源主動來找你。

判斷力準確又能在合適的時機利用槓桿的人，是最有可能賺到錢的人。

2・運氣思維

不是每個人都會碰到好運氣，但聰明的人懂得為好運氣創造條件。

（1）堅持不懈、不斷嘗試，把事情做到極致。

（2）善於發現好運。你必須在某個領域經驗豐富，當

這個領域有意外突破時，你才有可能購入股票或加入相關公司，從而接住好運。

（3）打造獨特個性、獨特品牌，讓運氣來敲門。

很多有錢人常把自己賺到了大錢歸因於運氣好。我以前以為這是他們在故作謙虛，現在看來是事實——他們不停折騰，直至撞上大運。

3 · 需求思維

當我看著外觀正常而細節處別出心裁的西裝時，我感到頗為驚訝。朋友告訴我，他們的客戶創意太多，都外溢到穿衣上了。這也從側面說明，有錢人在思考問題時往往會另闢蹊徑。

翻開富翁的發家史，我發現他們基本做對了同一件事：發現了社會上那些尚未得到滿足的需求，讓自己成為第一個提供相關產品或服務的人，並將其規模化。

大富的人，滿足社會未被滿足的期待；小富的人，滿足公司難以替代的需求。而我們大部分普通人，往往把時間浪費在了短期思考，以及繁重的日常生活或工作上。我們害怕不確定性，也不具備獨特性，最終變成了現實遊戲裡的NPC（非玩家角色）。

巴菲特也是這家服裝公司的一位客戶，他常常用一年時間斟酌判斷當前市場上還有哪些尚未滿足的需求，然後在某一天採取行動。

4‧時薪思維

納瓦爾說，他在多年前就曾一遍又一遍地告訴自己，自己的時薪是五千美元。但那時候，他的時薪實際上是一千美元左右。納瓦爾給自己的時間設定價格，用時薪計算時間的價值。納瓦爾認為，如果花錢可以節省時間，讓他做價值更高的事情，那就花錢——雇用、委託、授權別人去做那些瑣碎的事情，且不要為此猶疑。一個人要想真的賺到大錢，就先要相信自己很值錢。

資深傳媒專家、管理學博士孫鐵麟提出一個公式：時間價值＝時薪值 × 生命值＋影響力值。一個人只有正視自己的時間價值，才能專注地去做更具有冪次效應和複利效應的事。

5‧短痛思維

閒置時間，是看短影片好還是看幾頁書好？你如果在某

一個決定上犯了難，那就選擇在短期內讓自己更痛苦的那一個。

當你運動時，肌肉會感到痠痛或疲勞；當你讀有難度的書時，大腦容易不堪重負。這些事情會讓你在短時間內感到疲勞，但同時會讓你變得四肢發達、耳聰目明。

對於生活中的很多事，如果一味選擇簡單模式，我們的人生就會變得愈來愈困難；而選擇困難模式，我們的人生就會愈來愈簡單。

6・廣告思維

納瓦爾經常對老闆、同事、朋友說：「矽谷的人都在創業，我也要開公司。我只是暫時在這裡上班，其實我是個企業家。」他之所以選擇創業，也是因為身邊人常問他怎麼還不創業。有次被問煩了，他就直接走上了創業之路。

很多人喜歡自己默默努力，但有時候請把自己的想法說給別人聽聽，說不定有人能幫你連結相關領域。

這樣看來，我也該把自己想寫小說的事多說說，一來是提醒自己別忘記夢想，二來是別人的回饋可能會帶來意想不到的良性刺激。

7・空閒思維

我曾看到這樣一句話，廢掉一個人最隱祕的方式，就是讓他忙到沒時間思考。如果你每天的時間都被各種會議、工作占滿，你就沒有時間思考。你一旦停止了思考，就很難產生出色的想法，也很難做出準確的判斷。

出色的人每週至少要花一天的時間思考，最好是兩天——只有悠閒的大腦，才能產生偉大的創意。一個四處奔波、焦頭爛額的人，是沒有時間思考的。

因此，我們要留出閒置時間，為思考擠出時間。

8・吞吐思維

我在生產線上還看到一套特別的西裝，這套西裝上衣裡側有一個大口袋。據說這個大口袋是用於隨身攜帶那種又小又厚的書或筆記本的，方便西裝主人隨時做資訊的輸入和輸出，讓大腦進行吞吐運動。

納瓦爾一直保持著大量閱讀，並在推特上分享讀後感。為了不超過字數限制，他表示：「我會努力提煉出一則格言，放在推特上。推特降低了閱讀能力，卻提高了寫作能力。」

想要成功，你需要做的不是合群，而是從人群中脫穎而

出。你如果想在群體中脫穎而出，就需要進行大量閱讀，擴充知識儲備，同時具備一定的逆向思維——既要高品質輸入，又要高水準輸出。輸出的關鍵無非是說和寫，那就讓我們在輸出中展現個人才華吧。

9・低欲望思維

參觀時，我指著幾件衣服詢問價格，在心裡乘上匯率換算了一下，覺得真是大手筆。朋友向我解釋，其實很多客戶行事低調、生活儉樸，他們訂做的西裝須得笑傲多種場合，準備穿很多年，因此很注重性價比。

一般人在賺到大錢後，往往會選擇提高生活水準。假設你賺到了一大筆錢，卻依然保持著原有的生活方式，還沒來得及消費升級，此時你所擁有的金錢遠超你的需求和欲望，瞬間讓你體會到了財務自由的快樂，收穫滿滿的安全感。因此，我們要記住：賺了錢之後，不要急著升級自己的消費水準。

10・幸福思維

有的人在賺到大錢後，依然毫不懈怠地努力工作，以保

持自己的競爭力，愈活愈焦慮。但當我們的錢包變鼓時，我們的思想也應該升級了，必須重新學習如何獲得幸福。

畢竟金錢不能解決所有問題，只能解決和金錢有關的問題。有的人認為幸福是一種「心流狀態」，有的人認為幸福是滿足欲望，還有的人認為幸福是知足常樂……我們的幸福要自己去定義，自己去尋找。

從今天起，我們一起學著做個幸福的有錢人吧。

我決定把錢用在正確的地方

六月十八日晚上，我只糾結一個問題：這個夜到底要不要熬？

是什麼讓平時晚上不到十點就陪孩子睡覺，人生座右銘是「非必要不得熬夜」的我，為了定不定夜裡「十一點五十五分」的鬧鐘而左右為難？

答案是某網路店家的「6‧18」促銷活動。

「什麼！這個岩板餐桌椅只需要原價的三分之一？和我新家的裝修風格也太搭了！」

「什麼！這個面霜買一贈一？雖然買它讓我肉疼，但是半價！關鍵是，我年紀大了，確實需要呵護皮膚。」

一輪激動過後，我大腦裡的兩個小人兒開始了辯論。

省錢小人兒：「現在的桌椅不是好好的嗎？為什麼不搬到新家繼續使用？」

花錢小人兒：「不給新家添置家具，連寫出〈陋室銘〉

的劉禹錫都得佩服你。」

省錢小人兒：「保養品再貴，只會讓人自我感覺良好，也不會減少皮膚問題。」

花錢小人兒：「可是你知道嗎？這年頭，連一個『感覺好一點』的機會都值得珍惜啊！」

實不相瞞，我最近一兩年經常在「錢要省著花」和「人生只有一次」中徘徊。反思後，我認為人攢不下錢的原因就是：動不動就想犒勞一下自己。

下班時間要抽空寫作，我腦袋累。部門有人不好好說話，我情緒累。孩子發電機般活力足，我體力累。看看全綠的理財收益，我心態累。人一累，就會自憐；一自憐，就想花錢。負面情緒纏身，忍一時風平浪靜，想一夜怒火攻心——我就想花錢！可是錢花多了，我又覺得心慌：上有老，下有小，失業怎麼辦？生病怎麼辦？教育怎麼辦？房貸怎麼辦？成年人最大的自律就是存錢。因此，感性想花錢、理性要攢錢的念頭，如同 DNA 雙螺旋結構一般在我心中縈繞著。

❀　　❀　　❀

徘徊在省錢和花錢問題上的我，特別想找到一種能夠指

引方向、讓我不再徘徊的工具。於是，我在網路上找到了「標準普爾家庭資產象限圖」。據說這是公認的合理穩健的家庭資產分配方式，它把家庭資產分成了四個帳戶。

日常開銷帳戶：要花的錢

這個帳戶裡的錢，需要滿足每個月的衣食住行、美容健身等日常生活開銷，是隨時可以取出來的活期資產。此外，這個帳戶還需準備部分緊急備用金，以應對失業、生病等生活的「不速之客」。這筆錢需要具備高流動性和安全性，適合放在貨幣基金、銀行存款類的低風險活期理財中。

資金占比建議：10%。

槓桿帳戶：保命的錢

這筆錢可以滿足人的安全感和兜底感，別讓一場大病、意外搞得整個家庭返貧。你可以選擇購買意外險、醫療險、重疾險、人壽保險等，用高槓桿以小搏大、專款專用，以應對突發大額開銷。別看這筆錢平時沒什麼存在感，關鍵時刻抗風險能力非常強。

資金占比建議：20%。

投資收益帳戶：生錢的錢

這筆錢可以投資房產、股票、基金、私募、期貨、外匯等，讓錢生錢。這個帳戶存在風險，既有可能賺錢也有可能賠錢，因此需把風險控制在自己可承受的範圍內。

資金占比建議：30%。

長期收益帳戶：保本升值的錢

這筆錢可以投資債券、年金保險等，在確保本金安全、收益穩定的情況下，讓其相對長期、安全、穩健、複利地增值。

資金占比建議：40%。

🌸　　　🌸　　　🌸

我非常好奇這個資金占比，是在哪些國家和地區研究後做出來的結果。查證時，我發現有人指出金融分析機構根本沒有發布過標準普爾這張圖。而且圖中保險和投資的占比過高，因此我嚴重懷疑這是理財人士的杜撰。我倒是沒有糾結於這些數據，不過這四個象限為我審視自己的財務狀況，提供了一個新視角。

日常開銷帳戶：用於日常生活的吃穿用度。「智商稅」

和冤枉錢要節省。

槓桿帳戶：我等貪生怕死之輩，給自己和家人買齊了重大疾病險、醫療險、意外險和個人壽險，要說心得，就是不要買太多。以前錢好賺時，我不把保費當回事；現在錢不好賺了，每次繳保費都很心疼。

投資收益帳戶：我只是一個平平無奇的反面案例。目前房地產貶值，基金全虧，其實理財贏不贏利都容易多花錢。理財今天漲三個點，花錢慶祝一下吧；第二天虧了八個點，與其虧掉，不如吃一頓。我不禁懷疑，這是哪門子的錢生錢。錢生錢不應該是錢約著其他錢到我家做客嗎？怎麼變成其他錢約著我的錢離家出走了？在這方面，我得到的血淚教訓是：我不理財，財不離我。

長期收益帳戶：我給女兒買了教育基金，可她還小，沒用上呢，暫無心得。

※   ※   ※

根據我的情況，對於槓桿帳戶、投資帳戶，我只能談教訓。但對於日常開銷中的「智商稅」和冤枉錢，針對「薪水就像『大姨媽』，一個月來一次，一週就沒了」的情況，我想談談我的八點經驗。

1. 我會分清楚需要和想要，然後把需要繼續分為「我真的需要」和「我認為我需要」，而「我真的需要」又可以分為「能被代替」和「不能被代替」。經濟困難時，我盡量只買真的需要而且不能被代替的東西。

2. 我取消了手機 APP 上所有的免密支付功能。線上付款一定要慢下來，不然到月底你就會發現，雖然對帳單下每一筆支出都有印象，但對加到一起的總額卻十分陌生。

3. 我會用自己的時薪指導消費。時薪就是用月薪除以實際工作的小時數，以月薪五千元為例，按工作日二十二天，一天八小時計，時薪約為二十八元。這麼一算，此刻手裡二十幾元錢的奶茶，你下次可能就不想喝了。

4. 我會核對好價錢後再結帳。「雪糕刺客」埋伏在冰櫃裡，隨時準備給那些隨手一拿東西就埋單的人一個迎頭痛擊，以及一個深刻教訓。

5. 每次迫不得已開通一個月的會員之後，我就會火速衝到訂閱裡關閉「自動續約」，下次有需要時再開通。

6. 我帶孩子去商場裡的兒童樂園玩一次就要消費接近百元，但其實不如和孩子在家玩親子遊戲。我可以在家裡買些對戰疊疊杯、趣味彈射球、親子套套圈……只需一點小錢，就能讓家長和孩子都玩得開心。

7. 我會少看各種刺激消費欲的書。你若每天看幾頁《湖濱散記》，就會只想親近大自然，而且真的能省錢。

8. 一個人只要身體不出問題，就是最大的節約。有網友說，健康的同齡人存錢目標是一支新手機或一雙名牌運動鞋，而自己的存錢目標是根管治療，這簡直讓本不富餘的錢包雪上加霜。我們再怎麼節省，也不要虧待自己的身體。

在花錢之前，我們可以先在「錢要省著花」和「人生只有一次」之間徘徊一會，再做出決定。

你要悄悄努力，悶聲做一個「狠人」

有一次，我和一位編輯聊天，聽到她對我的一個評價：這些年，你一直在有規劃地成長。我這個進步主義者聽了這句話，感動之餘又不免徒增感慨。

我隨之陷入沉思，由遠及近地展開回憶。

小學練籃球時，我是常駐「板凳選手」。一段時間後，我成為首發上場的後衛。

大學一年級時，我排名倒數。努力了一段時間後，我名列前茅，拿到電腦、英語等多個證書，榮獲校級、國家級的獎學金。

畢業跨專業就業，第一份工作透過筆試、機試、面試後，遲遲沒收到錄取通知，自己打了幾個電話主動爭取才被錄用。努力了一段時間後，我最快出單，最快帶新人，為公司全體銷售員爭取到了更高的提成比例，辭職前被老闆再三挽留。

我以前體態不好，圓肩駝背。努力了一段時間後，我在

網上發了照片，體態受到讀者讚美。

我以前的普通話不分前後鼻音、兒化音、平翹舌音。努力了一段時間後，一直聽我讀書會音頻的讀者說我發音進步很明顯。

我很喜歡賈伯斯的一句話：「you can't connect the dots looking forward; you can only connect them looking backwards.」這句話我很難翻譯得傳神，大概意思就是「你現在所做的一切，會在未來串成一條線」。

我以前只是隱約認為自己適應能力較強，但隨著我過去的很多「點」在這幾年逐漸連成線，我漸漸清晰地看到一個進步主義者的軌跡。

我的精力、體力和意志力只算二流，但我從自己過去的「點」中發現，哪怕每天只做幾分鐘的進步主義者，堅持一段時間後也會取得好成績。

❀　　　❀　　　❀

我特別喜歡一種感覺：一段時間內沒人知道我在做什麼，只有我知道一切都在變好。

從「板凳選手」到首發隊員的那段時間，身高不算高、跑步不算快的我，把喬丹的海報掛於臥室牆上，早上六點去

公園跑步，腳上綁著沙袋跳石階，下課就去練習帶球跑。

從排名靠後到名列前茅的那段時間，我開始早上早起學習，晚上跑步，經常和圖書館形影不離，積極參與社會實踐活動。

從求職備胎到強勢新人的那段時間，我研究國內市場和印巴市場，狂看印度電影適應發音，列印出前輩們的英語郵件分析學習，有空就看外貿論壇，以求提升業務能力。

從體態欠佳到體態優美的那段時間，我找美體培訓機構訓練體態——貼牆站、開肩、走臺步，孕期練孕期瑜伽，產後練產後瑜伽，現在在練阿斯坦加瑜伽和流瑜伽。

從普通話不標準到普通話還湊合的那段時間，我在瑜伽練習中更注重腹式呼吸，鍛鍊核心肌群，用唱誦來貫通氣息，經常在家練習繞口令，爭取在新的讀書會中展現進步的一面。「山前有四十四棵死澀柿子樹」、「四十是四十，十四是十四」、「姓陳不能說成姓程，姓程不能說成姓陳」、「小青和小琴，小琴手很勤，小青人很精」……

現在回頭看，我是個「狠人」，但其實時間攤薄了強度，平攤到每一天，我對自己並不狠。

我說起自己進步快、進步大的例子，不是重點，只是引子。今天，我只想分享進步主義者的一個「絕命必殺技」——重視小結。

我剛上體態課時，走臺步走得毫無氣場，畏畏縮縮。一見我走路，老師的意見就像密集的子彈，讓我應接不暇：頭不要右偏，氣提起來不要散掉，抬頭挺胸，腳部不要「外八」，骨盆不要前傾，下巴收一點，小腹收緊……

老師矯正我一個問題，我又矯枉過正把另一個問題引出來。比如老師讓我提氣，我一提就習慣性抬頭，老師又讓我收下巴。

每節課下課後，我來不及因挫敗感而鬱悶，趕緊利用在地鐵站等車的時間打開手機備忘錄，把老師今天給我提的意見記錄下來；如果沒時間記錄，睡前有空我也要補上。

在平時有時間、心情好的時候，我就打開備忘錄看看。下一次上課前，我一定會把手機備忘錄中的筆記再看一遍。之後每次上課時，老師指出的問題愈來愈少，半年後，老師誇我體態最好。

我上瑜伽課時，在每節課結束後，在更衣室最先做的事不是換衣服，而是趁著記憶還新鮮，趕緊打開備忘錄，記下老師剛剛幫我「摳」的細節。

一起上課的小夥伴原先基礎都差不多，一段時間後差距

愈拉愈大。每次進步一點，我看到的風景、體會到的感覺都
不相同。

❀　　　❀　　　❀

　　小結從來不是死板到一定要及時記在筆記本、備忘錄、
手帳、清單裡，還可以衍生到晚上和伴侶的談話裡、跟孩子
的聊天裡。你哪怕只在大腦中回想一會，也比什麼都不做強。

　　你把問題記錄下來，以人為師，以己為師，常看常新。
你不唯過程論，也不唯結果論，在過程中享受，在進步中快
樂。

　　當你做一件事時，你可以在做完後做個小結，就像把一
個充氣的袋子打個結。下次再做這件事時，儘管發現無法避
免袋子漏氣，但你可以從袋子中汲取上次做這件事時的經
驗──它會成為你向上的臺階。

　　成功有很多規律，「刻意練習」、「掌控習慣」、「一萬
個小時定律」……但還有一條戒律，那就是一個人不要重複
犯同一個錯誤。

　　在一個學習單位結束以後，以小結閉幕；在下一個學習
單位開啟之前，以小結開幕。一段時間後，你就會看到在人
生舞臺上那個美好自信到熠熠生輝的自己。

十五分鐘的好習慣，換來人生大彩蛋

有段時間，我沉迷於跳繩，在公眾號上分享了自己的跳繩心得和身體變化情況：每次只用十五分鐘，目標二千次，跳兩天休一天。半個月後，我感覺自己體重變輕，體能變強，心情也變好了。

行動派讀者實踐後找我回饋，說這十五分鐘扭轉了乾坤：跳之前，心情沮喪，想法消極；跳之後，困難來了，一抬腳就過去了。困難一波一波來，我們抬腳一個一個跳，我們的感受遙相呼應。

我曾多次限制自己在十五分鐘之內扭轉心情，做出決定，完成運動……自認為找到了與忙碌生活交手所需的高效率又輕巧的招式。所以，有時候我自詡為「十五分鐘主義者」。

十五分鐘主義者之決策篇

接手五年就把日立公司從巨額虧損變成盈利頗豐的川村

隆說，「自己在年輕的時候，就養成了十五分鐘之內得出結論的習慣。」他認為，針對一個問題，如果不能在十五分鐘之內得出結論，那麼就算為了這個問題煩惱三十分鐘或一個小時以上，也無法得出結論。科學依據是，一個人一次集中精神的時間只有十五分鐘。在同步口譯行業，像國際會議或峰會之類的重要場合，每隔十五分鐘就要更換一名翻譯員。

受他影響，我會提醒自己，對於較為重要的事情，十五分鐘後再做出決定。

在我之前寫的書《當你自律自控，才能又美又爽》出版後，葛主編問我要不要參加某影片 APP 的連麥活動。我對這個提議的第一反應是既牴觸又期待。我突然被川村隆「附體」，說十五分鐘後答覆他。

在這十五分鐘內，我的大腦飛速運轉，我同時用紙筆輔助思考。我雖然沒嘗試過直播和連麥，也擔心緊張起來語無倫次，但希望更多人知道我的書，而且新鮮體驗應該很好玩，於是回覆「試試唄」三個字。

十五分鐘內，我把最差和最好的情況都考慮到，並預估各自發生的機率，然後根據價值觀做出決定，提前做好準備。

除了做決定，十五分鐘也是全身心投入前的試用期。比如我是個計畫愛好者，有時計畫學習或看書，但是內心喧

囂，靜不下來，我就會提醒自己堅持滿十五分鐘再說。我若在十五分鐘後還進入不了狀態，就先把計畫放一邊，索性想做什麼就做什麼。玩好和學好，我得占一頭。

十五分鐘主義者之工作篇

作為工作之餘還在堅持寫作的人，我常看馮唐的書，試圖從他的書中找到工作和寫作愛好間的平衡密碼。

事業方面，他頭銜驚人──詩人、作家、投資人，教育經歷從臨床醫學博士到商業 MBA 學位，身分從麥肯錫公司全球董事合夥人到華潤醫療集團 CEO。

寫作方面，他出版了五本長篇小說、二本短篇小說集、六本散文集、二本詩集。

麥肯錫公司全球董事合夥人和醫療工作都跟清閒不沾邊，但馮唐不少文章流露出來的意境卻很舒緩。品茶、吟詩、欣賞古董、鑑賞古文，哪樣都需要閒情逸致。

他的方向和努力都對，頭腦和天賦都好，但我還是很好奇他是如何平衡好工作和生活的。有次我讀他的散文，見他在文中提到「把時間按照十五分鐘為單位劃分，會連會，事連事」。那一刻，我覺得他暴露了，平衡密碼被我破譯了。

儘管我懷念學生時代四十分鐘的計時單位，但隨著工作任務時效性增強，加上多了母親這個新身分，我把事務性工

作的計時單位變成了十五分鐘。一段一段地劃分時間單位，讓我能夠快速把很多事理順，然後換來一整塊屬於自己的時間。

十五分鐘主義者之讀書篇

《非正式會談》裡有期節目探討了十五分鐘的讀書哲學，還發起了一場投票：「精華版」閱讀是否能取代傳統閱讀？

結果是：七票認為能，覺得多數人沒有充足的時間看完整本書；三票認為不能，聲稱「精華版」閱讀會讓人喪失讀書的樂趣。

我都同意，精華閱讀不必取代傳統閱讀，而是對傳統閱讀的補充。我每天都會聽書，十五分鐘打底。乾貨版、精華版、原版、書評、讀後感都會聽，無論早上或晚上，無論在車上還是在路上。我尤其多聽平時讀不進去的書，聽得感興趣就找紙本書來看。

我每天都會讀書，哪怕再忙也要至少讀十五分鐘。忙得血壓升高時，我就拜託老公帶十五分鐘孩子，我進浴室讀書，讓自己靜一靜。我多想給自己累積幾個十五分鐘去讀書，但條件經常不允許。時間緊湊時，我就讀短篇小說，遁入書門，進入另一個時空，歸來又是孩子的「親媽」。

十五分鐘主義者之運動篇

「知乎」上有很多十五分鐘運動者。

有個人長時間在辦公室久坐不動，下肢血液循環不順，有輕微靜脈曲張。於是她每天踮腳十五分鐘，增加下半身活動量。一段時間後，她腿形更加優美，下半身浮腫減輕，畏寒症狀改善明顯。

有的人早起十五分鐘，做一段帕梅拉，讓「起床氣」在跳操間灰飛煙滅。有的人抽出十五分鐘，客串「劉畊宏女孩」，配段「魔性」的〈本草綱目〉（周杰倫演唱的歌曲）。

你總是說自己沒時間、怕枯燥、懶得動，其實別人早就拿出超棒的解決方案了，就等你調撥出十五分鐘來體驗成效。

十五分鐘主義者之育兒篇

美國作家吉姆・崔利斯在《朗讀手冊》中說：「每天朗讀十五分鐘，是美國教育的祕訣。」不僅是閱讀，如果家長每天花十五分鐘高品質地陪伴孩子，孩子將受益一生。比如，家長可以把孩子擁在懷裡，繪聲繪色地給孩子大聲朗讀十五分鐘。看到你的認真和投入，孩子也更容易沉浸其中。閱讀的書，最好孩子選一本，家長選一本，把兩人的興趣點都照顧到。

再比如，家長可以專注地陪孩子玩十五分鐘。家長蹲下

身來，看著孩子的眼睛，進入孩子的世界，問問孩子想玩什麼遊戲，角色扮演還是枕頭大戰，畫畫還是手工。家長可以調到孩子的頻道，和他們打成一片，加深親子聯結，讓彼此愈來愈愛對方。

孩子的成長不可逆。家長若保證每天至少高品質陪孩子十五分鐘，就能減少將來的遺憾。

十五分鐘主義者之提升篇

網友「小王雜貨鋪」分享了自己鍛鍊表達的方法：每天十五分鐘，三十天後，表達能力提升得非常明顯——口齒清晰了，知識增加了。你可以每天花三分鐘拍一小段影片，錄製今天自己遇到了哪些有趣的事情，說一說今天社會上發生的重大新聞事件。錄完後你分析一下表情自然與否，說話流利與否。在剩下的十二分鐘裡，以下訓練你可以選做或全做。

速讀：你可以找新聞或散文，一開始慢慢讀，熟練後加快語速，最後達到自己的最快速度。這個練習可以鍛鍊口齒，提升邏輯思維能力。

複述：你可以把當天對自己有啟發的話複述一遍，慢慢地自己就會吸收這些金句。這個練習可以鍛鍊語言組織能力、語言連貫性和即興表達能力。

背誦：你可以背誦好的句子和文章，時間久了，好詞好句張口就來。

角色扮演法：你可以深入體會並模仿某一角色的神情、情緒、語氣、肢體動作，堅持做這個練習，木訥的性格也會漸漸變得有趣鮮活。

你每天花十五分鐘，做這樣「羽量級」的小練習，乘以三十天，就會讓表達能力產生質的飛躍。你如果不能一天安排多個十五分鐘，那麼每天一個十五分鐘，安排很多天，也會讓自己進步神速。

雖然十五分鐘占一天二十四小時的比例只是九十六分之一，但我們真的能利用這十五分鐘做很多事情。除了上面列舉的事，我們還可以每天練瑜伽十五分鐘，讀英語十五分鐘，寫日記十五分鐘，和父母影片聊天十五分鐘……

我們每天為好習慣安排十五分鐘，還沒感到痛苦和枯燥就結束了。一個月下來，我們就多出七・五小時；一整年下來，我們就贏取了九十個小時。

你看：我們可以用日常的小習慣換來人生大彩蛋！

普通人逆襲必備的四種能力

　　雖然很多人和我一樣，只是一個普通的「小鎮做題家[注4]」，但我們相信「條條大路通羅馬」，可有些人就出生在「羅馬」。我們奮鬥了半生，剛剛到達了那些人的起點。但是我依然相信，只要我們具備了四種能力，就能到達想去的「羅馬」。

1・及時修正自己錯誤的能力

　　我以前在深圳工作的公司培訓新人時，遇到一個資歷平平的實習生。他轉個內線電話都轉不明白，部門訂餐會出錯，雙面複印也會出錯。我開始還擔心他無法透過試用期，但後來他升到了上海總部管理層。

　　他有個優點值得學習，就是會及時修正自己犯過的錯。我記得有次他在業務上出了差錯。這個差錯說大不大，說小也不小。但他勇敢地在部門大會上認錯，主動讓主管扣

他的季度獎金，對部門而言，彌補損失，對自己而言，吸取教訓。

收藏家馬未都說過，動物世界中有很多生存法則。比如在非洲草原上，獵豹捕捉羚羊：獵豹從 A 點出發加速，去追 B 點的羚羊，見羚羊在奔跑中不停改變方向，獵豹也在不停地修正自己，最終在 C 點捕獲羚羊。獵豹如果有規劃，應該直接跑到 C 點等著，當羚羊衝過來時一口咬住牠。按這個規劃，獵豹從 A 點出發後的每一步都邁錯了，只不過是在下一步修正了上一步的錯誤而已。

所以說，不管是羚羊還是人，最重要的能力，就是能夠及時修正自己的錯誤。

2‧有慧眼識康波週期的能力

康波週期的概念，是蘇聯經濟學家康德拉季耶夫提出來的。他認為，全世界的資源商品和金融市場會以五十至六十年為週期進行波動。一個大波裡面包含四個小波，即繁榮、衰退、蕭條、回升，新技術的發展是推動康波週期發展的關鍵動力。五十至六十年的週期，意味著大多數人能趕上一次康波週期，很可能會在趕上的這個週期內活得輕鬆，甚至跨越階層。

在我們身邊，康波週期可能短得多。有人總結說，新興行業一般會經歷「一年啟動——三年初具規模——五年爆發——七年巔峰——十年沒落」。順其自然等不來康波週期，我們平時要多留意風投趨勢。有時候，錢不是我們拿一輩子去賺的，我們只要抓住機會，就能用二至三年賺到自己十幾年都賺不到的錢。

人生發財靠「康波」，你如果認為自己目前趕上了好行業的好時候，就一定要珍惜機會，好好賺錢。

3・有把康波週期變成好事的能力

我的一個朋友借著「自媒體」行業發展的東風迅速致富，兩三年時間從一個窮學生變成了富婆，可以隨心豪擲幾十萬元買包，也可以在老家的好地段買房。

可是，當年日子過得多風光，現在的她就有多失望。這一年，她焦慮到睡不著，收入不停減少，也不知哪天就沒了；支出雷打不動，兩萬元的月薪如約而至。

一天夜裡，她在朋友圈寫道：「當初哪來的自信，高薪拿滿三十年。」

對於一次性消費，我們尚且可以偶爾衝動，但依賴性消費，比如每月的房貸，則需要慎之又慎。

我們這些《三體》迷愛說：弱小不是生存的障礙，傲慢才是。

哪些人會把康波週期變成壞事？一定是那些自己賺了大錢時，覺得自己是天選之子，自大到看不起周圍所有人，把僥倖當幸運，把運氣當常態的人——憑康波週期賺來的錢，他們最後憑「實力」虧完。

哪些人會把康波週期變成好事？一定是那些抓住機遇積累財富，沒有被消費主義洗腦，沒有任性加「槓桿」，不會覺得錢能永遠輕鬆地賺下去的人——花無百日紅，他們懂得要敬畏「萬一」。

4 · 低潮中保持好心態的能力

我認識的一位媽媽，二〇一九年她生第一個孩子的時候，正逢她的家庭收入倍增，於是選擇在私立醫院產檢和生子。八萬元二十八天的坐月子中心，一·五萬元一個月的金牌月嫂，恨不得把英國皇室的生活待遇給了第一個孩子。在生第二個孩子的時候，遇夫妻降薪，她選擇把產檢、生孩子全部放在公立醫院。

有次聊天，我問她心理落差會不會很大。她說，不會。「在第一個孩子出生前，老公薪水倍增，預期光明，花錢買

體驗；在第二個孩子出生時，過回原有的生活，第一個孩子讓全家做了一場『輕奢』夢，全家夢醒後順利由奢入儉。錢多有錢多的活法，錢少也有錢少的活法，只要身體好，心態好，說不定我們家還能再好一次，甚至不止一次。」

我們要常懷感恩心，沒事偷著樂。好的時候，我們多一份清醒；壞的時候，我們多一份信心。遭遇生活落差時，我們不妨想想《人世間》作者梁曉聲的這句話：「你不可能在你的一生中，把所有的好東西都占為己有。」

注4：網路流行語，指出身小城鎮，埋頭苦讀，擅長應試，缺乏視野和資源的青年。

認清現實殘酷，依然熱愛生活

一天，同事說起她那應屆畢業生女兒的近況：孩子從小努力學習，考上了本地一所 211 大學，但畢業後沒有滿意的工作機會，目前在家複習，考研、考公（公務員考試）、考編（編制考試）三手抓。

同事感慨道：「我年輕時趕上好時機，買了房子，什麼也沒做，現在房價就翻升了十幾倍。而女兒勤奮學習，結果找份工作都難。」儘管她和她老公不介意女兒啃老，但女兒的失意還是讓她心疼。

最近我和朋友們聊天，倒沒聽說誰家裡發生破產、房貸斷供的事，但不少人的確提到自己的工作處境變得更難了。有些公司加強打卡、簽到、排名等考核動作，有些公司取消房補、餐補等福利，有些公司則把夜間叫車補貼改為定額交通補助。做「自媒體」的朋友也表示行業發展狀況不樂觀，寫文章的感覺閱讀量腰斬，拍影片的依賴平臺流量……如果以前的投入產出比叫事半功倍，那麼現在反過來了，叫事倍

功半。

二〇一九年，日本女性學者上野千鶴子在東京大學發表演講時說：「等待你們的是一個即使努力也未必會得到公平回報的社會。」

身處這樣的環境，我們該如何去做，才能讓生活的巴掌拍自己時拍得輕一些呢？

1．記起來，過有覺知的生活

我如果滑手機，大概不出半個小時就會淪為負面情緒的奴隸——做事拖拉，飲食放縱，心態崩潰。作為對照組，我如果保持覺知，盡量專注於自己的生活和工作，那麼我的心態、效率和生活品質都會顯著變好。

曾製作過一千多部電視節目的製作人達倫・哈迪有個「口袋革命」——攜帶一個小筆記本，將其放在口袋裡，外加一枝筆，記錄與你想要改進的生活領域有關的每一個動作，沒有藉口，沒有例外，至少堅持一週。你如果下決心攢錢，那麼你就要記錄從口袋裡掏出去的每一分錢；你如果下決心減肥，那麼你就要記錄放進嘴裡的每一口食物。

哈迪最早之所以開始做記錄，是因為自己的財務狀況出

現了問題，於是他就在小筆記本上記下了自己在三十天裡花出去的每一分錢。他放棄買那些不需要的東西，避免浪費，從而解決了財務問題。

哈迪說：「為什麼奧運會的教練能拿到高薪？因為他們記錄下了運動員每一次鍛鍊、消耗的每一卡路里、攝取的每一種微量營養素。所有獲獎者，都是記錄者。」

這幾年，我發現自己很容易把日子過得渾渾噩噩，然後把渾渾噩噩後的黯然心理歸咎於時代。但我也清楚，我才是自己命運的第一責任人。

於是，當我看到「口袋革命」後，我便迫不及待地開始實踐。我買了個巴掌大的小本揣在口袋裡，幫我「減少攝取咖啡」、「加強有氧運動」、「減少消極發言」、「減少飲食花費」。

每個階段的記錄，短則一週，長則數月，有時只聚焦一項，有時同時記錄好幾項。我偶爾也會感到麻煩，但更多的是讓我意識到行為的發生，以及自己對自我行為的重塑。

每當我感到失望和無力時，記錄和改進會幫我累積一個個積極點，讓我不至於潰敗塌縮。

我原本安慰自己：「沒有成就，也可以有成就感。」但久而久之，我確實感到在成為更好的自己方面，自己已小有

所成。當我迷失在資訊的洪流和感性的漩渦中時，我太需要一個鉤子，讓它用一端鉤住我，用另一端鉤住自己真實的生活。

2・動起來，練就「結實」的身體

這幾年，很多人知道了身體免疫力的重要性。但壓抑和失意，實在很容易讓人意志力減退。就拿我來說，我總是更想吃點加麻加辣口味的飯菜，更想聽點聳人聽聞的消息，更想在孩子睡著後沉迷於垃圾快樂中放縱自我。

在作息上，我到點就睡，就當自己雇了一個殺手，讓他每晚一到十點三十分就用刀架在我的脖子上逼我睡覺。在飲食上，我平時多吃點新鮮蔬果，補充一點維生素，並保持適量運動。比如，我的健身卡到期後的一個月，是我近幾年生病最多、最易疲勞、情緒最差的一個月。

《運動和大腦》一書中有個案例：作者的一個病人，她剛剛離婚，是個單親媽媽。她由於生活壓力太大開始酗酒，收入降低，身體變差，最後使壓力不減反增，於是她找到作者求醫。作者建議她在家裡放一根跳繩，每當壓力大時，拿起跳繩就跳。她半信半疑，但一根跳繩她還是願意買且買得起的。此後，一到煩心時，她就開始跳繩。幾個月後，她戒

了酒，心情也變好了。

儘管世事不盡如人意，但我們只要動起來，就能給自己帶來一些掌控感和力量感，但也要注意避免因運動過度而受傷。

3‧省起來，把生活調成低成本

現在，很多人從生活到工作都開始學著降本增效。大家不僅減少了購物，連二手物品也要轉手換錢；通勤開車，註冊網約車，能多拚一個是一個；週末帶孩子在外吃飯，提前在品牌直播間買好單次套餐券。

除了在生活上降低成本，在工作上也得降低成本。

有段時間，我家浴室電路跳電，我在平臺上預約了師傅上門檢修電路。一對夫妻在晚上六點來到我家，丈夫做檢修，妻子談價格。男子業務熟練，一進門就穿上鞋套，然後取下遮住配電箱的畫，拿出儀器測試了一番，確認了問題所在，隨即更換了配件。女子問我熱水器旁邊的插座要不要安個防水罩。她報價後，解釋成本價不貴，但安裝費事，我同意了。女子向我介紹她老公的專長，修電路、安裝水管、粉刷牆壁，什麼都能做。經她提醒，我又想起臥室的燈有點小毛病。她說他們車上有工具和配件，就下樓拿防水罩和燈

管。其間，我誇師傅業務熟練，他說自己十多年前在企業上班，後來辭職單飛，買了輛二手小型麵包車，花費較小，自由靈活。之前他只是在家附近接工作，有平臺後，雖然價格不如從前，但訂單變得更多了。他們走後，我不禁感慨：輕資產、有技術、有口碑、有平臺，懂得開源節流，就會增加成年人的安全感。

記錄、鍛鍊、省錢，都是在幫我追求「微掌控」的生活。小而明智的選擇＋堅持＋時間＝令自己滿意的生活。

這兩年，我對自己說得最多的話，就是勸自己不要動不動就習得性無助，試試習得性樂觀。我要學著給自己蓋上積極樂觀的思想鋼印，相信困難只是暫時的，辦法總比困難多。

人生顧問 534
把自己重養一遍

作　　　者	梁　爽
責 任 編 輯	龔橞甄
校　　　對	劉素芬
封 面 設 計	任宥騰
內 頁 排 版	顧力榮

總　編　輯	龔橞甄
董　事　長	趙政岷
出　版　者	時報文化出版企業股份有限公司
	10819 臺北市和平西路三段 240 號 4 樓
	發行專線　02-2306-6842
	讀者服務專線　0800-231-705・02-2304-7103
	讀者服務傳真　02-2304-6858
	郵撥　19344724 時報文化出版公司
	信箱　10899 臺北華江橋郵局第 99 信箱
時 報 悅 讀 網	www.readingtimes.com.tw
法 律 顧 問	理律法律事務所 陳長文律師、李念祖律師
印　　　刷	家佑印刷有限公司
初 版 一 刷	2024 年 9 月 20 日
初 版 六 刷	2025 年 3 月 13 日
定　　　價	新台幣 380 元
	(缺頁或破損的書,請寄回更換)

時報文化出版公司成立於一九七五年,
並於一九九九年股票上櫃公開發行,於二〇〇八年脫離中時集團非屬旺中,
以「尊重智慧與創意的文化事業」為信念。

把自己重養一遍 / 梁爽著 . -- 初版 . -- 臺北市 : 時報文化
出版企業股份有限公司 , 2024.09
　面；　公分 . -- (人生顧問；534)
ISBN 978-626-396-674-1(平裝)

1.CST: 女性心理學 2.CST: 自我實現

　173.31　　　　　　　　　　　　　113012020

ISBN 978-626-396-674-1
Printed in Taiwan